Hermann Multhaupt

Die Hüter der Himmelsscheibe

Ein historischer Roman

Hermann Multhaupt

DIE HÜTER DER HIMMELSSCHEIBE

Ein historischer Roman

benno

Bibliografische Information der Deutschen Nationalbibliothek
Die Deutsche Nationalbibliothek verzeichnet diese Publikation
in der Deutschen Nationalbibliografie;
detaillierte bibliografische Daten sind im Internet
über http://dnb.d-nb.de abrufbar.

Besuchen Sie uns im Internet unter:
www.st-benno.de

ISBN 978-3-7462-3359-8

St. Benno-Verlag GmbH
04159 Leipzig, Stammerstr. 11
Umschlaggestaltung: Ulrike Vetter, Leipzig
Umschlagsabbildung: © picture-alliance/Peter Endig
Gesamtherstellung: Kontext, Lemsel (A)

Die Wikinger waren über Nacht gekommen, lautlos, die im Gleichmaß in den Blackwater-River getauchten Ruder hatte niemand gehört. Drei Boote, in jedem 32 Männer mit Kurzschwertern, Dolchen und Lanzen bewaffnet, hatten sich sanft in den Uferschlamm gebohrt. Bragi, einer der Anführer, der seinen Namen aus dem Göttergeschlecht der Wikinger herleitete, war in Überfällen erfahren. Er umkreiste zunächst vorsichtig das Gelände des Klosters Molana, ob auch alles schlief, denn die Mönche hatten die merkwürdige Angewohnheit, die Nachtruhe zu unterbrechen und in der Kirche zu singen, dann verteilte er seine Leute halbmondförmig um die Abtei. Seinen Kriegern an den Außenseiten der Schlachtreihe fiel die Aufgabe zu, die Klosterbewohner im Schlaf zu überraschen. Mit Feuer und Schwert sollten sie in die Klostergebäude eindringen und sich mit Geschrei auf die schlaftrunkenen Mönche stürzen. Dabei hatten sie sorgfältig darauf zu achten, dass sie noch keinen Brand entfachten – die Fackeln sollten erst später unter die Holzbänke und Tische und in die Dachsparren geworfen werden, dann nämlich, wenn die auf Raub ausgerichtete mittlere Gruppe der Krieger die kostbaren Schätze in die Boote gebracht hatte: die goldenen Kelche und Patenen, die mit Edelsteinen verzierten Abtsstäbe und die wertvollen Pergamente.

Bragi konnte nicht lesen, keiner seiner Männer konnte lesen oder schreiben, doch allen war der Wert der Klosterschätze bekannt. In ihrer Heimat gab es Menschen, die mit klingender Münze für diesen Reichtum zahlten, gut zahlten. Sie schmolzen die heiligen Geräte ein und formten daraus Ringe und Spangen oder verzierten die Schutzschilde der Häuptlinge mit einer feinen Schicht Goldlack, die den angreifenden Feind bei Gegenlicht blendete. Die Bücher fanden Abnehmer unter den Gelehrten ihres Stammes, die zwar des verwendeten Lateins oder Griechischen nicht mächtig waren, aber aus der Zusammensetzung der Buchstaben die Zukunft meinten lesen zu können, ähnlich wie aus den Runen, die ihr Geheimnis nur mit den alten Druiden teilten.

Bragi verfolgte die Taktik, möglichst keine Gefangenen zu machen. Auch Zeugen der Überfälle sollte es nicht geben. Andere Wikingerhäuptlinge entführten den Abt, um für seine Freigabe ein hohes Lösegeld zu erpressen. 823 hatten seine Volksgenossen Skellig Michael im offenen Atlantik vor der irischen Westküste eingenommen und nach der Plünderung Abt Ethgal verschleppt, wie eine Chronik berichtet. Vielleicht war es jener Abt gewesen, dem die Invasoren gnädig erlaubten, statt sofort, später in der Gefangenschaft Hungers zu sterben. Vor solchen Maßnahmen schreckte Bragi zurück. Solange seine Methode unerkannt blieb, solange konnte er sie auch bei Überfällen auf andere Klöster anwenden. So war es ihm in Lismore gelungen, das weiter flussaufwärts lag. Zweimal hatte er die Abtei heimgesucht, im Jahr 833 zum ersten Mal, er hatte geplündert und gebrandschatzt. Es lag wohl an dem schützenden Blätterwall der Eichen, dass er das kleine Kloster Molana auf der Flussinsel des Blackwater-River bei der ersten nächtlichen Bergfahrt nicht wahrgenommen hatte. Doch später hatte er es erspäht, und nun fiel es ihm widerstandslos in die Hände …

Von einer sanften Höhe am Ostufer des Flusses überblickte er das grausame Schauspiel, bevor er sich selbst in das Getümmel stürzte. Er hörte das Geschrei der Mönche und ihre röchelnden Laute, wenn ihnen die Klinge in den Hals fuhr, gewahrte das auflodernde Feuer, das die Fenster der Kirche erhellte und bald darauf aus dem Dach des Dormitoriums schlug, und sah die Gefährten mit dem geraubten Klosterschatz heranskeuchen. Die Abtei war nicht so zahlreich bevölkert wie andere Orte. Gerüchteweise hatte Bragi von dreitausend Mönchen in Bangor gehört. Das war sicher übertrieben, doch an eine nur annähernd so stark besiedelte Niederlassung würde sich kein Wikingerhäuptling heranwagen. Hier, in Molana, lief alles wie am Schnürchen. Kaum eine volle Stunde nach dem Überfall saß die Mannschaft wieder in den Booten. Bragi beklagte nur einen Toten; der Mann war in der Werkstatt über eine Forke gestürzt, die Zinken hatten ihm die Kehle durchbohrt.

Der Abt und zwei Mönche waren dem Massaker entkommen, drei weilten zurzeit in anderen Klöstern. Die übrigen acht Konventualen lagen in ihrem Blut. Als der Morgen heraufdämmerte, erfassten die ersten Strahlen der Sonne das grausame Schauspiel. Da einige Gebäude des Klosters aus Holz bestanden, hatte das Feuer ganze Arbeit getan. Löschversuche wären sinnlos gewesen. Lediglich die Kirche und der Kreuzgang hatten den Flammen, von Ruß geschwärzt, widerstanden. Das Inventar war allerdings restlos verbrannt. Die zerborstenen Fenster sahen wie gebrochene Augen aus.

Die beiden überlebenden Mönche trugen unter Schock die Toten zusammen und betteten sie vor den Eingang zur Kirche. Abt Comgall beugte sich über die ermordeten Mitbrüder. Er schloss ihnen die Augen und sprach mit zittriger Stimme das Totengebet. Tränen rannen ihm über die Wangen. Dann wandte er sich an Findbar, dem das Grauen noch im Gesicht stand. „Wir werden sie in einer gemeinsamen Gruft bestatten, Bruder. Sie haben zusammen den Tod erlitten, so sollen sie auch zusammen vom Tode auferstehen, wenn der Herr sie ruft am jüngsten aller Tage."

Findbar nickte und gab Brenach ein Zeichen. Wortlos gingen sie in die durchwühlte Werkstatt und suchten nach einer Spitzhacke und einem Spaten. Den toten Wikinger betrachteten sie mit Abscheu.

„Hebt die Gruft vor dem Altar aus“, gebot Comgall. „Ich denke, dass Gott sie für würdig erachtet, zu seinen Füßen zu ruhen. Sie haben ihm über Jahre in diesem Kloster, das nun kein Kloster mehr sein wird, gedient. Ihre Gebete und Gesänge sind mit den unseren zum Himmel emporgestiegen und nun für immer verstummt. So wollen auch wir Molana verlassen und uns an einem sicheren Ort neu ansiedeln oder uns einem anderen Konvent anschließen.“

„Du willst Molana aufgeben?“, rief Findbar erschrocken.

„Nur über meine Leiche!“, ergänzte Brenach. „Ich habe gelobt, Gott an diesem Ort zu dienen, und werde zu meinem Wort stehen – trotz allem, was geschehen ist.“

„Eine Leiche wärst du fast schon gewesen“, entgegnete der Abt sanft. „Im Gegensatz zu acht deiner Mitbrüder hast du Glück gehabt, weil du den Mördern nicht gleich über den Weg gelaufen bist.“

„Ich konnte mich hinter der Sakristeitür verstecken“, sagte Brenach. „Ich hoffe nicht, dass du mich nun einen Feigling nennst.“

Abt Comgall erhob sich. „Nein, Brenach, ich nenne dich nicht einen Feigling. Denn selbst wenn du dich als ein bekannt guter Kämpfer den Wikingern entgegengestellt hättest, hättest du sie in ihrem Blutrausch nicht aufhalten können. Ein Häufchen Mönche gegen eine wilde Horde von fast hundert Mann – wie hätte das glimpflich für uns ausgehen sollen? Zudem lehrt der Herr, die Hand nicht gegen unsere Feinde zu erheben.“

„Sie haben den Tabernakel aufgebrochen und auch das Scriptorium geplündert“, wandte Findbar ein. „Und dann haben sie den roten Hahn auf unser Gotteshaus gesetzt.“

Abt Comgall nahm die Zerstörungen in Augenschein. „Um so mehr spricht das für meinen Entschluss, uns aus Molana zurückzuziehen. Selbst wenn es uns gelänge, die Gebäude wieder aufzubauen, unser Goldschmied und seine beiden Gesellen sind tot, und die Mönche aus der Schreibwerkstatt liegen mit durchschnittenen Kehlen zu unseren Füßen."

Brenach löste den Blick von den Toten und sah sich um. Hätten die Wikinger den Ort nicht entweiht, das Fleckchen Erde im Blackwater-River hätte ein Stück des verlorenen Paradieses genannt werden können. Der irische Name war Dairinis, was so viel wie „Eicheninsel" bedeutet. Die Gründung ging auf Máel Anfaid zurück, der im 6. Jahrhundert gelebt hatte. Der schönste Blick auf das Kloster bot sich vom jenseitigen Ufer des Stromes. Unter hohen Eichen erhob sich die Kirche mit dem Chor, aus dem jetzt dichter schwarzer Rauch quoll, der die Aussicht auf die sanft ansteigenden Felder mit dem dichten Wald trübte. Am Ufer des Flusses hatte Brenach oft gesessen, vertieft in Gebete und Meditationen, während die Natur ihre geheimnisvollen Fäden um ihn zugesponnen hatte. Das Wasser hatte ab und zu leise gegluckst, Libellen waren fast lautlos im Schilf gekreist, und die Stille hatte sich wie ein Mantel um den in sich versunkenen Mönch gelegt.

Brenach griff seufzend zur Spitzhacke und begann den Boden vor dem Chorraum zu lockern. Findbar schaufelte die aufgeworfene Erde zur Seite. Comgall holte leinene, vom Feuer jedoch angesengte Tücher aus der Sakristei und breitete sie am Boden aus. Dann hüllten sie je einen Toten in ein Tuch und ließen ihn vorsichtig in die Tiefe hinab. Gemeinsam sprachen sie die bei einem Begräbnis üblichen Gebete. Findbar gab zwischendurch Obacht, dass die angesengten Balken, die das Kirchendach hielten, nicht auf sie herabfielen. An ein längeres Totengedächtnis war jetzt nicht zu denken, vielleicht später, wenn die ersten Tage des Schreckens überstanden waren und der Ersatzbehelf eines Kelches für das Abendmahl zur Verfügung stand.

„Ich bitte dich, Vater Abt, Molana nicht aufzugeben", sagte Brenach, als die drei Männer auf dem Platz vor der Kirche

standen. „Wir werden junge Leute anwerben und das Kloster wieder errichten. Ich habe zwei Vettern, die kann ich anheuern.“
Comgall antwortete nicht gleich. Er stand noch ganz im Banne des Augenblicks, und es fiel ihm das Begräbnisritual ein, das in seiner Heimat Connemara angewandt wurde: Der Totengräber stach in diesem an Erde armen Land die Grasnarbe so auf, dass sie an drei Seiten wie ein Teppich zurückgeschlagen werden konnte. Die vierte Seite blieb jedoch mit der Erde verbunden. Lag der Tote im Grab, so rollte man das Grasstück wieder an seinen Platz. Dieses Zeremoniell erinnerte an den umgekehrten Kaiserschnitt der Geburt. Die Mutter Erde nahm ihr Kind zurück, dem sie einst das Leben geschenkt hatte.
„Die Wikinger haben die Angewohnheit, dorthin zurückzukehren, wo sie einmal fündig geworden sind“, sagte der Abt nach einer Weile. „Manche Klöster haben sie vier-, fünfmal und mehr überfallen. Sie wissen auch, welche Schätze wir besaßen und dass wir alles daransetzen, um wieder heiliges Gerät für unsere Gottesdienste zu beschaffen. Einer erneuten Bedrohung, meine Brüder, möchte ich aus dem Wege gehen. Deshalb bitte ich um Verständnis, wenn ich auf deinen Vorschlag nicht eingehen kann, lieber Brenach.“
„Lass mich flussauf in Lismore unsere Brüder um Hilfe bitten“, bat Findbar und wunderte sich, dass er angesichts des Todes und der Zerstörungen noch so viel Überlebenswillen besaß. „Die Brüder haben Erfahrung mit Wikinger-Überfällen und haben dennoch nicht aufgegeben. Vielleicht können sie uns raten.“
Der Abt zögerte. Einerseits freute es ihn, dass seine beiden Mitbrüder in dieser schweren Stunde noch so viel Durchhaltekraft zeigten, andererseits erschien ihm der Wiederaufbau des Klosters utopisch. Ohne fremde Hilfe wäre der Plan schon gar nicht zu verwirklichen. Doch hatte der Herr seinen Jüngern am See Genezareth nicht nach einem erfolglosen Fisch-

fang geraten, noch einmal hinauszufahren und die Netze auszuwerfen? Und war dieser Versuch nicht hundertfach belohnt worden?

Vom Wald her ertönte Geschrei, in das sich einzelne Rufe mischten. Kein Zweifel, es waren Menschen unterwegs, die sich Molana in großer Aufregung näherten. Bald sah Comgall eine Gruppe Bauern mit Knüppeln und Keulen auf sich zukommen. Einer trug eine Lanze. Die Insel, auf der Molana lag, war auf einer Seite nur hundert Schritte vom Festland entfernt. Das Wasser reichte höchstens bis zu den Hüften. Den Übergang bildete ein befestigter Gürtel aus Erde und Schilf.

„Wir haben den Feuerschein gesehen, hoher Herr“, rief der Anführer. „Wir dachten, dass eurem Kloster ein Unheil widerfahren ist.“

„So habt ihr richtig vermutet“, sagte der Abt. „Am schmerzlichsten trifft mich der Verlust von acht meiner Brüder.“

Die Männer schlugen ein Kreuz und standen einen Augenblick betreten da. Dann machte sich ihre Wut und Empörung in lauten Verwünschungen gegen die Wikinger Luft. Einer der Bauern, der aus der Gegend um Ardmore stammte, wusste, dass die Wikinger auch das Kloster des hl. Declan angreifen wollten, ihren Plan angesichts des großen Widerstandes der Mönche jedoch aufgeben mussten.

„Wir sind eben nur ein kleiner Konvent“, sagte Comgall, „wir haben keine Chance, die Überfälle abzuwehren. Und jetzt ist unsere Gemeinschaft auf drei Mitglieder vor Ort geschrumpft.“

Brenach mischte sich ein. „Ob drei oder dreißig oder dreihundert – wir halten an Molana fest!“
„Recht hast du!“, rief der Anführer, und die Bauern zollten ihm Beifall.
Doch dann fing Brenach den vorwurfsvollen Blick seines Abtes auf.
„Entschuldige, Comgall, natürlich zählt dein Wort, nicht das meine. Du bist der Vorsteher dieses Klosters, nicht ich. Sag, was zu tun ist, und wir werden dir folgen.“
„Als erstes sollten wir Ausschau halten, was wir aus den Trümmern noch bergen können. Dann werden wir weitersehen.“
Wortlos verteilten sich die Männer über das kleine Klostergelände. Die hölzernen Gebäude waren bis auf die Grundmauern niedergebrannt und nicht mehr zu retten. Damit waren auch die Lebensmittelvorräte dahin. Notfalls konnten sich die Mönche eine Weile vom Fischfang und von Pilzen und Beeren ernähren und die Zeit bis zur Ernte des Getreides überbrücken. Doch noch stand das Korn erst kniehoch.
Der Werkstatt, die wie die Kirche aus Stein errichtet war, fehlte jetzt das Dach. Doch gottlob waren die Hämmer und Zangen und anderes Gerät noch brauchbar. Auch ein Kistchen mit Nägeln hatte dem Feuersturm standgehalten. Das Scriptorium war ein Ort der Verwüstung. Die Wikinger hatten beschriebene und unbeschriebene Pergamente wahllos aus den Regalen gerissen und mitgehen lassen, was ihnen teuer und wertvoll erschien. Auch ein fast vollendetes Evangeliar sowie Psalter, ein Messbuch, Regeln und Urkunden, an denen die Schreibermönche mit großer Ausdauer und Liebe gearbeitet hatten, waren Beute der Krieger geworden. Den kostbarsten Schatz des Klosters hatten die Wikinger indes nicht gefunden. Er befand sich gut gesichert in einer eisernen Kiste im Boden unter der Schreibwerkstatt. Es war die „Collectio Canonum Hibernensis“, die bedeutendste kirchenrechtliche Sammlung

des frühen Mittelalters, durch deren Veröffentlichung Molana selbst über die Landesgrenzen hinaus bis in die Bretagne bekannt geworden war. Der Mönch Rubin und der Ioner Mönch Cù Chuimne hatten zu Beginn des 8. Jahrhunderts diese Collectio zusammengestellt. Ob die Wikinger davon Kenntnis gehabt und sie in der Bibliothek gesucht hatten? Immerhin enthielt die Sammlung auch griechische, afrikanische und gallische Konzilsbeschlüsse der frühen Kirche. Ebenso waren den beiden Mönchen die „Statua ecclesia antiqua“ und die päpstlichen Dekretalien bekannt. Berühmte exegetische Schriften von Origines, Hieronymus, Augustinus, Isidor, Gregor I. und Gregor von Nazianz wurden in der Collectio ebenfalls aufgeführt.
Ein Teil der kostbaren Bibliothek war Beute der Nordmänner geworden, ein Teil in den Flammen verbrannt. Insofern war es Abt Comgall wenigstens ein schwacher Trost, dass die Hibernensis den Wikingern nicht in die Hände gefallen und die großartige Arbeit des Mönches und Lehrers Rubin von Dairinis nicht vernichtet worden war. Er war der führende Schreiber in irischen Scriptorien gewesen.
Abt Comgall ordnete an, dass alle brauchbaren Gegenstände im Kirchenraum gesammelt, gereinigt und auf ihre Wiederverwendbarkeit geprüft werden sollten. Dem toten Wikinger ließ er ein angemessenes Begräbnis zuteil werden.
Das Kloster verfügte noch über eine zweite Kostbarkeit, kein sakrales Stück, eher heidnisch und sehr alt. Merkwürdigerweise sprach man selten oder nur hinter vorgehaltener Hand über diesen Schatz. Manche Experten hielten ihn für eine geheimnisvolle Offenbarung des Himmels, doch nicht des christlichen, denn er stammte aus grauer Vorzeit. Wem dieser Schatz einst gehört hatte, wusste niemand. Irgendwann vor langer Zeit war er in den Besitz des Klosters gelangt, doch nicht als Schenkung, sondern als Vermächtnis, sein Geheimnis zu hüten und keinen Gebrauch davon zu machen. Manche

Historiker meinten, Máel Anfaid habe den Schatz schon bei der Klostergründung von einem geheimnisvollen Gast überreicht bekommen. Fachnan Mongach, ein ehemaliger wissbegieriger Vorgänger Comgalls, hatte seine eigenen Überlegungen zu dem Schatz angestellt und schriftlich niedergelegt. Sie waren jetzt wahrscheinlich ein Opfer der Flammen geworden. Der Schatz besaß die Gestalt einer Scheibe mit geheimnisvollen Zeichen, die oberflächlich als Sonne, Mond und Sterne gedeutet wurden und gewiss noch eine tiefere Botschaft enthielten. Diese Himmelsscheibe wurde außerhalb des Klosters in einer Naturhöhle neben einer mächtigen Eiche aufbewahrt. Das Versteck war nur dem jeweiligen Klostervorsteher und seinem Vertreter bekannt. Dort ruhte sie in einer eisernen Truhe. Comgall beschloss, sich später der Existenz dieses Schatzes zu vergewissern, von dem sein Vorgänger nur mit ehrfürchtiger Scheu und Zurückhaltung gesprochen hatte, um sicher zu sein, dass er nicht doch in die Hände der Plünderer gefallen war. Doch halt! Vielleicht hatte der Wikingerüberfall auch oder gerade der Himmelsscheibe gegolten? Dass die Nordmänner nach dem Klosterinventar Ausschau hielten, um es zu rauben, war allenthalben bekannt. Vielleicht war die Kenntnis von dem einmaligen Schatz in Molana auf unerklärlichen Wegen bis an die Gestade des Nordmeers gelangt, und die Wikinger hatten beschlossen, sich die Himmelsscheibe anzueignen…? Comgall bedauerte, mit seinen Mönchen über diesen Verdacht jetzt nicht sprechen zu können, weil ihn die Schweigepflicht band.

Während die Männer damit beschäftigt waren, den Anordnungen des Abtes Folge zu leisten, übersahen sie, dass sich im nebligen Morgenlicht vom Wald her eine aufgeregt gestikulierende Gestalt näherte. Schon von weitem rief sie den Leuten etwas zu, das jedoch im Rauschen des Wassers und des Windes unterging. Schließlich erschien der Mann, schweißnass und mit wirrem Haar, auf dem Klostergelände.

„Es ist Fitbrain, hoher Herr", rief einer der Bauern dem Abt zu. „Er wohnt mit seiner Familie zwei Wegstunden von unserer Siedlung entfernt, dort, wo der Blackwater-River einen Altarm bildet und das Wasser voller Schlamm ist."
Der Abt kannte die Gegend, die der Bauer beschrieb, nur flüchtig. Auf den Wegen zu seinen Mitbrüdern in den Nachbarklöstern kam er nicht in dieses Waldgebiet.
„Es ist etwas Schreckliches geschehen!", rief Fitbrain keuchend und rang nach Luft, „o ihr Männer, etwas Furchtbares!"
Einer der Bauern fing den strauchelnden Mann auf, der fast vor die Füße des Abtes gefallen wäre.
„Nun rede!", rief Comgall, „was hast du uns zu berichten?"
„Hoher Herr, die wilden Krieger, die den Fluss heraufgerudert kamen, haben auch mein Haus überfallen, meine Frau erschlagen und meine Tochter entführt. Ich konnte ihnen entkommen, weil ich gerade im Stall bei der kalbenden Kuh beschäftigt war und mich unter dem Stroh versteckte."
„Gott, was für eine fürchterliche Nacht!", rief der Abt und nahm den zitternden Mann in die Arme. Die anderen Männer drängten sich um die beiden.
„Meine Tochter ist erst fünfzehn! Brigid heißt sie, getauft ist sie auf den Namen unserer großen irischen Heiligen, hoher Herr!"
„Hast du gesehen, wie die Räuber sie fortschleppten?", wollte einer der Bauern wissen.
„Nein, gesehen nicht. Aber sie war weg, verschwunden! Glaubst du, sie hätte sich in Luft aufgelöst?"
„Gewiss nicht. Aber es bleibt die Möglichkeit, dass sie in den Wald geflohen ist und sich nicht wieder heraustraut."
Der Abt gab Anweisung, einige verkohlte Balken beiseite zu räumen und dem Bauern einen Sitzplatz einzurichten. Dann setzte er sich neben ihn, legte den Arm um seine Schultern.
„Das Schicksal trifft dich schwer, Fitbrain, so wie es auch meine Mönche und mich getroffen hat. Ich habe in diesem Augenblick keine Worte des Trostes, zu sehr stehe ich noch im

Banne dessen, was sich ereignet hat. Ich weiß nicht, warum das alles geschehen musste. Ich kann dir für den Augenblick nur anbieten, hier zu bleiben. Ja, bleibe hier! Morgen werden wir deine Frau mit dem Segen der Kirche beerdigen."
„Morgen? Und was ist mit meiner Tochter, mit Brigid?", rief Fitbrain und sprang auf. „Soll ich zulassen, dass die raue Horde sie mitnimmt und zur Sklavin macht?"
„Setz dich", sagte ein anderer Bauer nüchtern. „Deine Tochter ist nicht die erste, die den Wikingern in die Hände gefallen ist."
„Aber sie machen sie zur Sklavin!", schrie Fitbrain.
„Dann bringen sie sie wenigstens nicht um", entgegnete der Bauer sachlich. „Vielleicht wird sie einem Häuptling als Nebenfrau zugeteilt – dann geht es ihr gut."
„Bist du des Teufels?", schrie Fitbrain und stürzte sich auf den Sprecher. Die anderen rissen ihn zurück und zwangen ihn, wieder Platz zu nehmen.
„Warum euch die Wikinger bloß heimgesucht haben, wo sie in der Regel doch auf die Klöster und ihre Reichtümer aus sind?", wunderte sich der Abt. „Doch ihnen kommt es wohl nur auf das Morden und Brandschatzen an."
„Und auf junge Frauen! Die finden sie in den Klöstern nicht", entgegnete einer der Männer.
„Bei kleinen Bauernhöfen holen sie sich Appetit auf größere Überfälle – wie auf diese Abtei", gab ein anderer zu bedenken.
„Und sie vernichten alle Zeugen", rief ein Bauer.
Fitbrain sackte in sich zusammen und antwortete nicht.
„Sie sind Wilde und bleiben es", stellte der Bauer, der bisher mit Fitbrain gestritten hatte, fest. „Wir werden mit ihnen noch manche Überraschung erleben. Es sei denn …"
„Was meinst du?"
„Es sei denn, die Kleinkönige unterbrechen ihre Streitereien untereinander und vereinen sich mit dem Hochkönig zum entscheidenden Schlag gegen die Eindringlinge."

Dieser Meinung pflichteten die anderen bei.
Fitbrain saß derweil zitternd auf seinem Platz und blickte vor sich ihn. Die Heimsuchung durch die Wikinger hatte ihn mit aller Wucht getroffen. Der Abt legte wieder einen Arm um die Schulter des gebeutelten Mannes. „Was für eine entsetzliche Nacht! Der Himmel hat seinen Segen von uns genommen. Nein, wir können hier nicht bleiben. Wir werden alles Nötige tun, das die Stunde gebietet, und uns dann den Mitbrüdern der Nachbarklöster zugesellen. Du aber, Fitbrain, darfst dich uns anschließen. Denn allein wirst du in deinem niedergebrannten Haus nicht bleiben wollen, oder?"
„Zuerst werde ich nach meiner Tochter suchen. Sobald es hell wird, mache ich mich auf den Weg", schrie der Mann verzweifelt.
Die Bauern gaben zu verstehen, dass sie ihm bei der Suche helfen wollten. Doch bis auf einen waren alle von der Unsinnigkeit der Handlung überzeugt. Die Wikinger raubten eben gern junge Frauen, um sie zu versklaven oder zum Weib zu nehmen.
„Ich lasse dich in dieser schweren Stunde nicht gern allein, Fitbrain. Also überleg dir, ob du vorerst nicht bei uns bleiben möchtest. Ich verspreche dir, dass wir deine Frau in aller Form beerdigen werden."
Macht sie das wieder lebendig? Nein, dachte der Mann. Dann rief er: „Ich soll wohl ein Mönch werden, was? Hoher Herr, ich eigne mich nicht fürs strenge Fasten und die Frömmigkeit. Ich bin ein Bauer, ich habe meinen Acker."
„Auch unter uns Mönchen gibt es Bauern, die die klösterlichen Felder bestellen. Wovon, glaubst du, sollten wir sonst leben?"
Fitbrain schwieg und starrte abermals vor sich hin.
„Also, mein Angebot gilt, Fitbrain. Du kannst mit uns ziehen, wenn du willst. Denn hier werden wir nicht länger bleiben."
Findbar schüttelte den Kopf, aber so, dass Comgall es nicht sehen konnte. Brenach ballte seine rechte Hand zur Faust und

sah drohend in die Richtung, in die die Wikinger verschwunden waren.
Inzwischen war die Sonne hinter den Baumwipfeln emporgestiegen. Milchig weiß ergoss sie ihr Licht über eine sonst friedliche Landschaft, deren Stille nur vom Flügelrauschen der Fischreiher und dem Gesang der Rohrdommel unterbrochen wurde. In den Herbstmonaten hörte man gelegentlich das Röhren der Hirsche und das klagende Gebell eines Fuchses. Ansonsten waren es nur die Gesänge der Mönche gewesen, die sich mit den Lauten der Natur vermischt hatten. Sollte es damit nun für immer vorbei sein?

Comgall, Brenach und Findbar waren für die Unterstützung der Bauern dankbar. Auch wenn sie bei den Aufräumungsarbeiten weiterhin Verwünschungen gegen die Wikinger ausstießen und ihrer Wut in Flüchen gegen die Eindringlinge aus dem Norden Luft machten, so gingen sie den drei Mönchen von Molana doch eifrig zur Hand. Am Ende des Tages hatten sie das verkohlte Gebälk niedergerissen und in der Nähe des Ufers aufgeschichtet. Das Kloster machte einen erbärmlichen Eindruck, doch Comgall schwankte plötzlich zwischen seinem eigenen Entschluss, die Niederlassung aufzugeben, und dem Wunsch seiner Mitbrüder nach einem Wiederaufbau. Er erinnerte sich wieder an einen seiner Vorgänger, Fachnan Mongach, der in der zweiten Hälfte des 6. Jahrhunderts gelebt hatte und so tatendurstig gewesen war, dass er auch einen Bischofssitz in Ross Carbery gegründet hatte und anschließend dessen erster Oberhirte geworden war. Bis zu seinem Tode im Jahre 748 war Fér-dá-chrích Abt des Klosters Molana gewesen. Er gehörte zu den Mitgliedern der Reformbewegung der Célí Dé, die der zunehmenden Säkularisierung der Kirchen und Klöster entgegentraten und durch eine strenge Askese auffielen. Sie nahmen sich mit Liebe und

Begeisterung der Kranken und Armen an. Molana spielte also eine gewisse Rolle in der irischen Klostergeschichte, auch wenn es sich nur um einen kleinen Mönchskonvent handelte, der jetzt durch den Angriff der Wikinger fast gänzlich aufgerieben war.

Die Bauern verabschiedeten sich nach einem langen Arbeitstag, doch sie versprachen wiederzukommen und den Mönchen beizustehen. Diese Geste werteten Brenach und Findbar als eine Aufforderung, am Wiederaufbau des Klosters festzuhalten. Von ihrer Meinung suchten sie auch Abt Comgall zu überzeugen. Der Abt, traurig und beschämt darüber, dass er den freiwilligen Helfern nicht einmal eine Mahlzeit hatte anbieten können, versprach, die Nacht im Gebet zu verbringen und Gott um eine Entscheidung über die Zukunft der Abtei zu bitten. Fitbrain wollte nicht bei den Mönchen bleiben. Er zog mit den Bauern fort. Der Abt riet ihm, nicht zu seinem niedergebrannten Haus zurückzukehren, sondern bei einem Nachbarn Unterschlupf zu erbitten. Er, Comgall, werde morgen mit seinen Mönchen kommen, um seine erschlagene Frau zu bestatten. Dann werde man weitersehen.
Das Dormitorium war abgebrannt, auch die kleine gesonderte Zelle des Abtes bestand nicht mehr. Aus einigen Balken und Brettern der Mühle sowie aus Ästen und Zweigen der nahen Eichen errichteten sie eine Notunterkunft, in der Brenach und Findbar sich zum Schlaf niederlegten, während Comgall es vorzog, neben dem Taufstein im Gotteshaus hockend auszuharren. Doch an Schlaf war nicht zu denken. Die Ereignisse wirkten nach, nahmen in der undurchdringlichen Nacht erneut ihre bedrohliche Gestalt an. Findbar hörte wieder das Krachen des Holzes, sah Alkuin mit dem Talglicht die Treppe hinabhuschen, die Tür des Dormitoriums zersplittern und vernahm den Aufschrei des Mitbruders, als ihm der Dolch in die Kehle

drang. Brenach war durch den Kreuzgang in die Sakristei entkommen, während die übrigen Mönche entweder auf ihren Strohlagern niedergemacht oder auf der Flucht getötet wurden. Der Überfall traf eine unvorbereitete Gemeinschaft. Die Wikinger hatten bisher größere Klöster heimgesucht und kleine ausgespart. Molana hatte sich in trügerischer Sicherheit gewogen. Der Abt klagte sich herber Versäumnisse an.
In der Abtei Lismore, dachte er, bestanden die besten Voraussetzungen, um das beschauliche Leben, das durch den Wikingerüberfall in seinem Kloster fast zum Erliegen gekommen war, in Ruhe und Frieden fortzuführen. Die dortige Konventsleitung war auf die Begegnung mit den plündernden und brandschatzenden Kriegern aus dem Norden vorbereitet, denn sie hatte nach den ersten bösen Erfahrungen Maßnahmen zur Selbstverteidigung getroffen. Dazu gehörten sowohl starke Befestigungsanlagen als auch Sicherheitsvorkehrungen für das bedrohte, kostbare Klostergut.

„Kannst du auch nicht schlafen?“, unterbrach Findbar die Stille.
Brenach bejahte.
„Wir sollten die Brüder in Lismore um Hilfe ersuchen, wie ich Abt Comgall vorgeschlagen habe. Das Kloster des hl. Mochuda ist in den letzten Jahren beständig gewachsen. Vielleicht lässt uns der Abt ein paar Mönche, die unsere Schreibschule und die Goldwerkstatt wieder in Gang bringen.“
Brenach wälzte sich auf die andere Seite. Der Boden, nur mit einer Handvoll Eichenblätter und wenigen Schilfrispen bedeckt, war klamm und feucht. Er spürte die nächtliche Kälte.
„Mit ein paar Mönchen für die künstlerische Betätigung ist es nicht getan“, sagte er. „Wir brauchen Handwerker, solide, gestandene Männer, die etwas vom Häuserbauen verstehen und notfalls auch einem Wikinger an die Gurgel gehen können.“

„Lass das den Abt nicht hören“, warnte Findbar. „Er würde in seinem Kloster niemals Raufbolde dulden und schon gar keine Krieger heranzüchten.“
„Du vergisst, dass auch du einmal ein Krieger warst, bevor dich der Ruf des Herrn traf“, wandte Brenach ein.
„Zu Hunderten sind wir Krieger in die Klöster eingetreten, dann nämlich, wenn unser Clanchef oder Häuptling uns mutig voranschritt und zum Dank die Abtswürde erhielt.“
„Die Zeiten sind vorbei, Findbar. Heute geht es um echte Berufungen und nicht um Versorgungsansprüche. Ich gebe zu, wir haben zu viel in der Bibel gelesen, in der häufig von Vergebung und Feindesliebe steht. Ich hätte schon manchmal Lust, mein Habit gegen das Gewand eines Kriegers zu tauschen und statt des Kreuzes das Schwert in die Hand zu nehmen.“
„Wenn die Wikingerüberfälle zunehmen, wird uns nichts anderes übrig bleiben. Das muss auch der frömmste und demütigste Abt einsehen“, mutmaßte Findbar und wiederholte seinen Vorschlag, die Brüder von Lismore um Amtshilfe zu bitten. Brenach und Findbar hofften, dass Comgall ein Einsehen haben und Molana nicht gänzlich untergehen lassen würde.
„Mir kam eben ein spontaner Gedanke,“ sagte Brenach, nachdem sie eine Weile geschwiegen hatten.
„Geistesblitze sind immer gut. Lass hören.“
Brenach richtete sich auf und blickte im Dunkeln in die Richtung, in der Findbar auf seiner Notpritsche lag. „Du weißt, dass ich fünf Jahre auf Scattery Island gelebt habe, bevor ich hierher kam. Das mörderische raue Klima im Winter ist mir nicht bekommen.“
„Ich weiß“, bestätigte Findbar. „Die Äbte haben den Austausch einiger Mönche beschlossen.“
„Einer meiner Mitbrüder dort war Fursa, ein vor Kraft strotzender Draufgänger, sage ich dir. Schnell mit der Faust, wenn ihm Gefahr drohte oder sich ihm etwas in den Weg stellte,

aber auch eifrig beim Gebet. Ja, er konnte leidenschaftlich beten und den Himmel mit seinem Flehen erweichen. – Diesen Mann wüsste ich gern an meiner Seite."

„Und dann? Soll er dir beten helfen?", fragte Findbar mit zynischem Unterton.

„Nein, aber er wäre der rechte Kumpan, um das Kloster wieder aufbauen zu helfen und Vorsorge gegen einen erneuten Wikingerangriff zu treffen."

„So? Und wie soll das geschehen?"

„Er ist nicht nur ein guter Baumeister, sondern hat so seine eigenen Methoden, sich Feinde vom Hals zu halten. Durch Schlingen zum Beispiel, aus denen sich so leicht niemand selbst befreien kann, oder Fallgruben, aus denen der Teufel die Wikinger in die Hölle holen möge. Zudem hat er eine Art Frühwarnsystem entwickelt, indem er an herausragenden Stellen Wachen aufstellt, die alle drei Stunden abgelöst werden."

Findbar antwortete zunächst nicht. Brenach spürte, dass der Mitbruder von dieser Art der Feindbekämpfung nicht viel hielt.

„Alle drei Stunden, sagst du? Das hieße ja, dass jeder von uns in jeder Nacht zwei- bis dreimal auf Wache ziehen müsste."

„Das geht natürlich nur, wenn wir ein gut besetztes Kloster haben. Ich denke an zwanzig bis dreißig Mönche."

Findbar ließ einen tiefen Seufzer hören. Dann rief er: „Bist du von allen guten Geistern verlassen, Brenach? Woher willst du die Mönche holen? Sie wachsen nicht auf Bäumen und fallen dir auch nicht wie reife Früchte in den Schoß."

„Es gibt genug Klöster mit personalem Überschuss", stellte Brenach sachlich fest. „Es ist Sache des Abtes, klug zu verhandeln."

Findbar kicherte. „Da lob ich mir eher den Trick des hl. Declan aus dem Kloster Ardmore, um die Wikinger zu vertreiben. Als wieder einmal eine Flotte über das Meer heransegelte und auf die Mündung des Blackwater-Flusses zuhielt, befahl er seinem

Schüler Ultan, die Schiffe zu bannen. Ultan streckte seine linke Hand aus und schon verschlang die See die Flotte samt ihrer beutegierigen Mannschaft. Siehst du, Brenach, so kannst du dir die Wachablösung sparen."
Brenach brummelte etwas in seinen Bart, was nach „veräppeln" und „auf den Arm nehmen" klang. Doch im Stillen dachte er: Warum sind uns die Fähigkeiten der Altvorderen abhandengekommen, die sich auf ihre geistigen Kräfte verlassen und dadurch Wunder wirken konnten? Was haben wir falsch gemacht? Dann zog er sich die Decke über den Kopf und versuchte zu schlafen.

Brigid wusste lange nicht, was ihr geschehen war. Ein dumpfer Schmerz im Rücken holte sie allmählich in die Wirklichkeit zurück. Dann setzten die Erinnerungen ein: Die Nacht war pechschwarz gewesen, man hatte niemanden sehen können, als die sich heranschleichende und plötzlich grölende Meute hervorstürmte, einige Wikinger die Holztür des Hauses eintraten und sie aus den Betten rissen. Eine Keule traf ihre Mutter an der Stirn, sodass sie mit einem gurgelnden Laut zu Boden fiel. Brigid hörte im Geist noch den dumpfen Schlag, spürte, wie jemand sie hart anpackte, als wolle er sie ebenfalls töten. Im Schein einer aufflammenden Fackel, die kurz darauf in den Dachstuhl geworfen wurde, sah der Mann ihr noch jugendliches Gesicht, er stutzte einen Augenblick, zerrte sie dann nach draußen und rief einen anderen Wikinger herbei. Was dann geschah, ereignete sich blitzschnell: In Windeseile banden sie ihr die Arme so fest auf den Rücken, dass der Hanf ihr ins Fleisch schnitt, während sie die Füße mit einer lockeren

Fessel versahen, damit sie nur kleine Schritte machen konnte. Dann stießen die Männer sie den Hang hinab auf den Fluss zu, wo ein großes Boot mit einer kleinen Wachmannschaft wartete. Dreimal fiel Brigid unterwegs ins Gestrüpp, verhedderte sie sich mit der Fußangel in den Baumwurzeln. Sie wurde jedes Mal wieder emporgerissen und mit einem Tritt vorwärts befördert. Einer der Männer führte sie in den hinteren Teil des Schiffes, wo sich die Ruderbank befand, und bedeutete ihr in einer unbekannten Sprache, sich niederzukauern. Dazu drückte er ihren Kopf so tief hinunter, dass er zwischen ihren angewinkelten Beinen fast den Boden berührte.

Die übrigen Wikinger waren noch auf Beutefang. Aus verschiedenen Richtungen erschallten Rufe, die von anderen Stellen erwidert wurden. In der Ferne schwirrten Brandfackeln wie Glühwürmchen durch den Wald. Nach etwa einer Stunde kam die Schiffsmannschaft unter Freudengeschrei und Gejohle zurück. An ihrer Stimmung erkannte Brigid, dass ihr Beutezug erfolgreich verlaufen war. Sie hörte das Klirren von Metall und Glas und immer wieder stolze Ausrufe der Überraschung und des Frohlockens. Einer der Männer, der Bootsführer und zugleich ein Häuptling zu sein schien, redete beschwichtigend auf die Männer ein. Seine Gesten forderten zur Ruhe und Besonnenheit auf. Einmal wurde Brigid mit einem Fußtritt aufgefordert, mehr Platz zu machen. Das gestohlene Klostergut brauchte mehr Raum zur Lagerung. Jemand deckte eine Plane über das blinkende Metall, um es vor dem nun einsetzenden Nieselregen zu schützen. Nach geraumer Zeit löste ein Wikinger auf ein barsches Kommando hin die Leinen, das Segel am Mast rollte aus seiner Halterung. Die Männer begannen das Drachenboot mit sich allmählich steigernden rhythmischen Ruderschlägen voranzutreiben.

Brigid kannte ihren Fluss, den Blackwater-River, an dessen Ufer sie mit Nachbarkindern und ihrer älteren Schwester Ita häufig gespielt hatte und dessen Verlauf in ihrer Heimatregion sie kannte. Ihre Mutter hatte ihnen einmal gesagt, die schöne Natur ringsum sei so heilig, dass die Engel im Licht des Vollmondes manchmal ihre Flügel mit Wasser benetzten. Nach kurzer Zeit wurden ihr die Augen verbunden, und sie konnte nur noch ahnen, wo sie sich befand. Da die Geschwindigkeit des Schiffes immer mehr zunahm, ging sie davon aus, dass es mit der Strömung der Mündung und damit dem offenen Meer zusteuerte. Die Brise, die landeinwärts drang, trug schon den Hauch des Salzwassers mit sich. Nach einiger Zeit nahm der Wellengang zu, die Fahrt wurde unruhiger, doch das schien die Männer in ihrem Siegesrausch nicht zu stören. Die Wikinger feierten ihren Erfolg. Kuhhörner voller Met wurden trotz der morgendlichen Stunde herumgereicht, manchmal schwappte der Honigwein über den Rand und ergoss sich auf Brigids Kopf oder über ihre Kleidung, was mit allgemeinem Gelächter beantwortet wurde. Ihr fror in ihrem dünnen Nachtgewand. In der Eile des Überfalls hatte sie nicht einmal einen Umhang mitnehmen können.

Zwischen dem Häuptling, der zugleich Schiffsführer war, und einem Mitglied der Mannschaft kam es bald zu einem Wortwechsel, der immer heftiger wurde und der, wie Brigid erriet, sie betraf. Eine Weile wehten die Wortfetzen hin und her, dann beugte sich der Häuptling zu ihr herab. Brigid spürte den Atem des Mannes, der nach Knoblauch und Alkohol roch. Alsbald wurden die Handfesseln und die Augenbinde gelöst. Die Helligkeit des Tages riss sie aus der Dunkelheit, in der das Mädchen nun mehrere Stunden verbracht hatte, und für eine Weile musste es die noch blutleeren und schmerzenden Hände vor das Gesicht halten, bis es die Augen völlig öffnen konnte. Das Bild, das sich Brigid bot, übertraf ihre schlimmsten Erwartungen. Sie fühlte sich von einer Meute wilder, ungepflegter, rauer Gesellen belagert, die sie mit lüsternen Blicken anstarrte. Jetzt, im Licht, da sich den Männern das Antlitz der Gefangenen ohne Augenbinde zeigte, ahnten sie erst, welchen

Fang sie gemacht hatten. Schon schickten sich zwei der Wikinger in ihrer Nähe an, ihre Hände nach ihr auszustrecken, da traf sie ein Handkatenschlag des Häuptlings so gezielt im Nacken, dass sie mit einem Aufschrei von ihren Sitzen rutschten. Mit Mühe gelang es, ihre Ruder, die sie vor Schreck losgelassen hatten, am Davongleiten zu hindern. Es dauerte eine Weile, bis die Männer sich aufgerappelt und ihre Plätze wieder eingenommen hatten.

Der, der im Boot das Sagen hatte, beugte sich mit grinsendem Gesicht über Brigid und legte ihr ein Fell über die nackten Schultern. „Du", sagte er und richtete den Zeigefinger auf sie, „du – ich." Da das Mädchen nur mit entsetzlichen Blicken reagierte, wiederholte er: „Du – ich!" Brigid wurde klar, was diese Worte bedeuten sollten: Du gehörst zu mir – oder gar: Du gehörst mir. Auf den Schock hin, den diese Worte auslösten, gab es nur eine Möglichkeit: In einem geeigneten Augenblick über Bord zu springen und zu versuchen, die Küste schwimmend zu erreichen. Doch die Entfernung zum rettenden Festland war schon zu weit, und zweifellos hätten die Wikinger das wendige Boot abgedreht und sie rasch wieder eingefangen. Wenn Flucht, dann musste Brigid auf eine spätere Chance warten in der Hoffnung, dass es überhaupt eine gab. Denn die Wikinger würden sie kaum aus den Augen lassen.

Sechs andere Drachenkopfschiffe, mit denen sie im Konvoi die südirische Küste entlangfuhren, waren zu weit entfernt, als dass Brigid weitere Gefangene hätte erkennen können. Es war unwahrscheinlich, dass sie das einzige weibliche Wesen war, die den Räubern bei dem Überfall ins Netz gegangen war. Gewöhnlich brachten die Wikinger neben reichlich Beute auch eine Anzahl Frauen mit, die sie in den Hütten der Bauernsiedlungen zusammentrieben, nachdem sie den Ehemännern die Schädel gespaltet hatten.

Die Reise dauerte mehrere Tage. Die Schiffe lagen gut vor dem Wind und machten volle Fahrt. Es handelte sich um Langboote, schnelle, leichte und wendige Kriegs- oder Kampfschiffe. Die Planken waren vernietet und überlappend angebracht – ähnlich wie bei Dachziegeln. Sie hatten kaum Tiefgang, dazu einen flachen Kiel, der es gestattete, auch voll beladen auf den Strand aufzulaufen. Auf Häfen mit Mole und Kai waren diese Schiffe nicht angewiesen. Die Ruderer lösten einander schichtweise ab. War die Arbeit der einen Mannschaftshälfte beendet, so rückte sie zur Seite und schlief im Sitzen. Das war eine erprobte und auf langer Erfahrung beruhende Kunst. Nach wenigen Stunden nahm die andere Hälfte der Ruderer wieder ihren Platz ein. Wegen der Morgentoilette wurde kein Federlesens gemacht. Meerwasser gab es zu Genüge – doch selten wusch sich jemand damit. Das Trinkwasser wurde in hölzernen Fässern mitgeführt. Ging es zur Neige, so fingen die Männer Regenwasser in Pfannen und Schüsseln auf. Manchmal spannten sie über Nacht auch ein Leintuch, das sie des Morgens auswrangen. Der so sorgsam gesammelte Tau schmeckte scheußlich. Ihre Notdurft verrichteten die Männer über die Reling. Einige umklammerten den Drachenkopf am Bug und pinkelten in hohem Bogen ins Meer. Manche setzten sich auch auf die Brüstung und ließen ihren blanken Hintern von hochschwappenden Wellen umspülen. Brigid konnte dieser Methode unmöglich folgen und stand Heidenängste aus. Der Häuptling, der seine Besitzansprüche deutlich gemacht und sich durch Handkantenschläge Respekt verschafft hatte, besorgte ihr einen Eimer, über den sie sich hocken konnte, und ein Tuch, um ihre Blöße zu bedecken. Viele Männeraugen folgten grinsend dieser unwürdigen Prozedur.
Zweimal am Tag teilte jemand, der für die Speisen verantwortlich war, getrockneten Fisch und eine Art Zwieback aus. Wasser gab es mehrmals am Tag. Einige Wikinger warfen Netze ins Meer, die hinter dem Boot mitgezogen und nach einer Weile

eingeholt wurden. Meist befand sich eine ansehnliche Anzahl Fische darin. Die meisten Männer aßen die Fische so frisch und roh, wie sie aus dem Wasser kamen, denn ein Feuer konnte nur an Land entfacht werden. Mit Landgängen hielten sich die Besatzungen, solange sie in Feindesland waren, zurück. Erst dort, wo sie sich sicher fühlten, ließen sie ihre Langschiffe in den Ufersand gleiten. Die Segelmasten konnten blitzschnell eingeklappt werden. So waren die Schiffe von weitem von Feinden kaum zu erkennen, andererseits ermöglichten sie eine schnelle Anlandung.
Die Aufenthalte an Land waren meist nur auf wenige Stunden begrenzt. Man reinigte die Boote, nahm Frischwasser an Bord, sammelte, wo vorhanden, Früchte und Kräuter, die den eintönigen Speiseplan bereicherten, und briet Fische über einem niedrig gehaltenen Feuer. Manchmal ging ihnen auch ein Wild in die Falle. Der Häuptling und Schiffsführer sorgte, dass Brigid reichlich zu essen und zu trinken bekam, und wachte auch sonst eifersüchtig über sie, damit sich ihr ja keiner der Männer aufdringlich näherte. Er schien nicht nur wegen seiner Körperkräfte in hohem Ansehen zu stehen, sondern auch wegen seiner Kunst, mit der Sonnenpeilscheibe, mit dem Sonnenschattenbrett und dem Sonnenstein bestens umgehen zu können. Mit diesen Instrumenten bestimmten die Wikinger den Ort, an dem sie sich gerade befanden, und die Richtung, in die sie weitersegeln mussten. Ansonsten orientierten sie sich am Nordstern oder an der Sonne. Sie achteten auf Windrichtungen und Strömungen, deuteten die Wassertiefe und Wasserfärbung und richteten sich nach Temperaturen, Nebelgebieten und Flugbahnen der Vögel.
Übernachteten sie am Strand, so schlugen die Wikinger in Windeseile kleine Zelte auf, die zum Teil aus Segelstücken zusammengeflickt waren. Sie besaßen eine erstaunliche Geschicklichkeit beim Aufbau. Meist boten die Zelte bis zu vier Personen Unterschlupf. Der Häuptling, der ein eigenes Zelt

beanspruchte, drängte Brigid, mit ihm zusammen zu übernachten. Doch das Mädchen wehrte sich mit Händen und Füßen.
„Du – Ginnlaug“, sagte er und drückte seinen schmutzigen Zeigefinger auf die Brust des Mädchens. „Ich – Agmundr.“
„Nein, ich heiße Brigid!“, rief die Gefangene. „Ich werde nie eine Wikingerfrau werden!“
„Du – Ginnlaug“, wiederholte der Mann, „ich – Agmundr.“
Brigid verkroch sich unter einen Felsvorsprung, wo sie, in das Fell gehüllt, die einbrechende Nacht verbringen wollte. Doch der Häuptling stellte zwei Wikinger zu ihrer Bewachung ab, nachdem er selbst stundenlang vor dem Unterschlupf ausgeharrt hatte. Eine Flucht war unmöglich.
Auf der langen Heimreise in die Wohngebiete der Wikinger bemerkte Brigid schließlich auch andere junge Frauen, die in Irland geraubt und auf anderen Schiffen untergebracht worden waren. Es schien ihnen weitaus schlechter als ihr zu gehen. Zwei trugen Verbände um den Kopf, ein Zeichen, dass es zu ernsthaften Auseinandersetzungen gekommen war, einer hatte man die Beine mit großblättrigen Kräutern umwickelt. Vielleicht hatte sie gerade über der Herdstelle heißes Wasser zubereitet, als die Wikinger über sie herfielen, und der Inhalt des umstürzenden Kessels hatte sich über ihre Gliedmaßen ergossen. Ob es eine Möglichkeit gab, mit den Leidensgefährtinnen ins Gespräch zu kommen?

Abt Comgall zählte die Minuten, die nicht verrinnen mochten. Die Dunkelheit der Nacht schien die Zeit verschluckt zu haben. Jenseits der glaslosen Fenster des Kirchenschiffes rauschten die Eichen wie seit Jahrhunderten, so als sei nichts geschehen, als hätten die Gräuel nicht stattgefunden. Vorn am zerstörten Altar zeugte die noch frische Erde vom Massaker an seinen Mönchen. Acht Männer, der jüngste erst achtzehn, der älteste und im Klosterleben ergraute fast neunzig. Bruder Cellach hatte im hohen Alter nicht mehr an allen Stundengebeten teilnehmen können, vor allem des Nachts nicht, es war ihm Dispens gewährt. Dafür traf man ihn häufig außerhalb der festgesetzten Gebetszeiten in der Kirche an. Er hatte seinen Stammplatz gleich vorn im Chorgestühl. Dort saß er, manchmal mit geschlossenen Augen, oder den Blick auf das schlichte Holzkreuz aus Esche über dem Altartisch gerichtet. Cellach begleitete die Arbeit seiner Mitbrüder im Gebet.

Der jüngste, Canice, war erst vor einem halben Jahr als Novize nach Molana gekommen. Seine Eltern bewirtschafteten einen ansehnlichen landwirtschaftlichen Betrieb, und es war ihnen schwergefallen, auf seine Mithilfe bei der Versorgung der Schafe und Pferde zu verzichten. Die Mutter hatte sich seinem Klostereintritt sogar zunächst widersetzt, doch als sie die Begeisterung spürte, mit der ihr Sohn ihr von den Probetagen in der Abtei auf der Flussinsel berichtete, billigte sie schweigend seinen Entschluss. Wie sollte er, der Abt und für das Wohl seiner Mitbrüder verantwortlich, den Eltern die Nachricht vom schrecklichen Tod ihres Sohnes überbringen? Comgall dachte auch an Fitbrain, der in einer Nacht sein Gehöft, seine Frau und seine Tochter verloren hatte und der jetzt allein im Leben stand. Mochten ihn die Nachbarn auch vorübergehend aufnehmen, man durfte ihn auf keinen Fall sich selbst überlassen. Der Abt schloss ihn in sein Nachtgebet ein.

Der neue Tag hatte kaum die Starre der Nacht abgeschüttelt, da verlangte der Abt nach seinen beiden Mönchen. Vor dem zerstörten Altar beteten sie die Matutin und die Terz, dann trug Comgall Brenach auf, mit der Angel an den Fluss zu gehen und für die Mittagsmahlzeit zu sorgen. Findbar erhielt den Auftrag, die Nachricht von der Zerstörung Molanas flussauf bis

nach Lismore zu bringen und den Abt der dortigen Abtei um die Entsendung von Bauleuten zu bitten.
„Also geben wir Molana nicht auf?“, jubelte Findbar und versuchte, seine Begeisterung in Grenzen zu halten, damit Comgall nicht doch noch umgestimmt werde.
„Nein, wir werden nicht fortgehen. Vorausgesetzt, die Bauern helfen uns, so wie sie es uns versprochen haben, und Abt Colmán von Lismore kann einige seiner Leute entbehren.“
„Das wird er ganz bestimmt“, gab sich Findbar erfolgssicher.
„Nimm das Pferd, dann kommst du schneller ans Ziel. Gott sei Dank haben die Wikinger die beiden Rappen auf der Weide nicht entdeckt.“
„Ich werde mich sputen!“, rief Findbar. Einen Augenblick stockte er. Bei ähnlichen Reisen wäre er jetzt in die Klosterküche geeilt, um sich etwas Proviant zu beschaffen, und hätte das Habit gegen eine bequemere Kleidung getauscht. Doch sowohl das Refektorium als auch der Schlafsaal waren dem Feuer zum Opfer gefallen. Die drei Mönche besaßen nur noch, was sie auf dem Leib trugen.
In diesem Augenblick näherten sich die Bauern. Sie kamen winkend aus dem Wald, Körbe mit Lebensmitteln auf einem Karren, geschnittene Bretter und behauende Balken auf zwei weiteren Fuhren. Auch einige Frauen und Fitbrain hatten sich ihnen angeschlossen. An der Spitze schritt der Besitzer des Waldes, er hatte drei Burschen mitgebracht, die in seinen Diensten standen.
„Ich habe von eurem Unglück gehört“, wandte er sich an den Abt. „Ihr werdet Holz für einen neuen Dachstuhl benötigen. Ich gebe dir die Erlaubnis, in meinem Wald so viele Bäume zu fällen, wie du brauchst. Meine Zimmerleute werden dir zu Hand gehen und helfen, die vernichteten Klostergebäude wieder zu errichten.“
Comgall bedankte sich überschwänglich, doch der Mann wehrte ab. Auch die Bauern und ihre Frauen machten sich

nützlich. Sie sahen selbst, wo die Hilfe am nötigsten war. Sie räumten zunächst einmal auf, säuberten die Brandstellen, sicherten einsturzgefährdete Mauern. Am dringlichsten war ein sicherer Unterschlupf für die Konventualen, denn in dem Provisorium aus Brettern und Zweigen konnten sie nicht noch eine Nacht ausharren, und der Abt würde auch nicht noch einmal neben dem Taufstein sitzend die Nacht verbringen wollen. Brenach kam gegen Mittag mit einigen Fischen zurück, darunter zwei Barben und einem ansehnlichen Hecht, der dem Angler erheblichen Widerstand entgegengesetzt hatte, als er ihn an Land zog. Die Helfer sowie Comgall und Brenach ließen sich gegen Abend zum gemeinsamen Mahl nieder, nachdem der Abt die Gaben gesegnet hatte, danach führten sie ihre schwere Arbeit fort. Die erschlagene Frau des Fitbrain war in allen Ehren unter großer Anteilnahme der in der Nachbarschaft lebenden Siedler bestattet worden. Fitbrain wollte seine Wirtschaft mit der Bauern und Gottes Hilfe wieder aufbauen. Der Abt sagte ihm seine Unterstützung dabei zu. Die Tochter Brigid blieb spurlos verschwunden.

Das gemeinsame Mahl sollte auch in den nächsten Monaten das brüderliche Zeichen der Wiederaufbauarbeit am Kloster Molana bleiben, erst recht, nachdem Abt Colmán von Lismore dem Findbar neun Mönche aus seiner Abtei mit auf den Heimweg gegeben hatte, die fortan am unteren Blackwater-River bleiben sollten.

„Jetzt sind wir zu zwölft, wie die Zahl der Apostel“, freute sich Abt Comgall. Und er wertete diese Fügung als einen Fingerzeig des Himmels. Auch die drei Mönche, die während des Überfalls auf Reisen gewesen waren, kehrten bald darauf zurück und beklagten den Verlust ihrer geistigen Heimat.

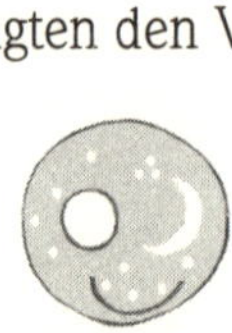

Abt Erc von Scattery Island ließ den Mönch Fursa in die Bibliothek kommen. Fursa war ein Hüne von Mann, breit in den Schultern, mit wachen, listigen Augen und roten Haaren. Er vermittelte das Bild eines Mönches, wie es die Mitbrüder der Schreibzunft mit dünnem Stift manchmal an den Rand ihrer Pergamente malten, wenn sie, von der langen Arbeit ermüdet, sich ein wenig Abwechslung verschaffen wollten. Das Schreiben von frommen Texten war wie Gottesdienst, wie ständiges Beten, aber wer konnte fortwährend im Gebet verharren, ohne einmal Luft zu holen? So zeichneten sie zuweilen kleine, dickbäuchige Männchen mit Glatze und verschmitztem Gesicht oder vor Kraft berstende Gestalten mit angespannten Muskeln an die Ränder der Psalter. Fursa gehörte der zweiten Kategorie an.

Erc war dagegen schlank, ein Asket, mit schmalem, länglichem Gesicht. Er stammte im Gegensatz zu Fursa aus einer vornehmen Familie des Landes, aus denen nach der Christianisierung viele Männer in die neuen Klöster eingetreten waren.

„Ich habe dich kommen lassen, Fursa, weil seit gestern eine Botschaft auf meinem Schreibtisch liegt, eine Nachricht von meinem Mitbruder Comgall in Molana."

Der Abt sah Fursa an, doch der schwieg, wie es die Regel vorsah. Man wartete so lange, bis der Vorgesetzte die Erlaubnis zum Reden gab.

„Abt Comgall bittet mich, dir den Dispens zum Verlassen von Scattery Island zu geben, um beim Wiederaufbau der von den Wikingern zerstörten Abtei mitzuhelfen. Dein Mitbruder Brenach hat seinem Abt wohl tagelang in den Ohren gelegen, um dich abzuwerben und ihm deine Vorzüge in den schillerndsten Farben ausgemalt."

Fursa schwieg noch immer.

„Nun, ich weiß, welche Fähigkeiten du entwickeln kannst, lieber Bruder, aber ich weiß auch, dass du vom Stande der Heiligkeit noch weit entfernt bist."

Fursa bekam einen roten Kopf und senkte die Augen.
„Nichtsdestotrotz, die Aufgabe, die du übernehmen sollst, ist auch deine Chance. Wenn du sie wahrnehmen willst, gebe ich dir die Erlaubnis. Du kannst sie aber auch ablehnen und hier bleiben. Denn der Weg nach Molana ist weit."
Der Abt gab Fursa ein Zeichen, dass er sich äußern solle.
„Ich werde der Abtei Molana meine Hilfe nicht verweigern, Vater Abt. Jedoch dorthin zu gelangen, bedeutet wenigstens acht Tagesreisen, wenn man ein gutes Pferd hat. Ganz zu schweigen von den Gefahren der Straße. Es wimmelt nur so von Mördern und Wegelagerern."
„Du wirst zu Fuß gehen, Fursa, denn das ist ein Teil der Bedingungen, unter denen ich dich ziehen lasse. Der Marsch wird dir gut tun. Du hast Zeit, dein Leben zu überdenken, unterwegs zu beten und zu meditieren. Unsere Brüder werden dich des Nachts gastlich aufnehmen, denn Klöster gibt es überall am Wege."
Fursa sah den Abt an, als erwarte Erc von ihm, ihm eine Frucht vom Baum der Erkenntnis zu beschaffen. Natürlich würde er dem Kloster helfen und erst recht seinen Freund Brenach liebend gern wieder in die Arme schließen. Doch warum legte der Abt ihm so viele Steine in den Weg?
„Hoher Herr", sagte Fursa nach einer Weile, „da du mir den Weg nach Molana als einen Pfad der Prüfung beschrieben hast, will ich ihn demütig gehen. Mit deiner Erlaubnis mache ich mich heute noch reisefertig und morgen früh nach dem Gottesdienst mit deinem Pilgersegen auf die Reise."
Abt Erc nickte. Sein Mund zeigte ein verhaltenes Lächeln. „Ich habe deine Zustimmung erwartet", sagte er. „Gott wird dir seinen Beistand und ich werde dir meinen Segen nicht verweigern."

Brigid hatte längst aufgehört, die Tage ihrer Gefangenschaft zu zählen. Zu Anfang war sie vor Heimweh fast umgekommen. Die Ungewissheit darüber, was mit ihr geschehen würde, die fremde Umgebung, die rauen Männer, die ihr so kalt und unberechenbar erschienen wie das Wetter, stürzten sie in tiefe Verzweiflung. In der Siedlung war ihr alles fremd: die Gebräuche, die Lebensweise, die Sprache, ja, selbst die Speisen.

Die Großfamilien wohnten in hölzernen Langhäusern von bis zu dreißig Metern. Die Dächer aus Schilf und Reet waren tief heruntergezogen und ruhten an den Ecken auf schweren Pfosten. Trotz der versteckten und offensichtlichen Rivalitäten zwischen den Sippen gab es in der Siedlung, in die Brigid verschleppt worden war, doch einen Zusammenhalt gegenüber anderen Wikingerstämmen, die manchmal an ihrer Küste an Land gingen und sich in ihrer Nachbarschaft anzusiedeln gedachten. Die Vorstellung, dass sie ihren Lebensraum möglicherweise teilen müssten und die Ernährung der eigenen Sippschaft dadurch gefährdeten, schweißte die Familien in ihrem Abwehrkampf zusammen. Manchmal kam es zu tätlichen Auseinandersetzungen, manchmal zu bewaffneten Konflikten, die jedoch schnell wieder beendet wurden. Denn wenn die Wikinger auch kein einheitliches Volk waren, gab es doch eine Basis der Solidarität, die sich vor allem gegenüber fremden Völkern und Feinden zeigte. Das Dorf war von einer Festung umgeben, die Schutz vor Angreifern bot, aber doch nicht unverwundbar war. Agmundr wusste das und er versuchte im Verbund mit anderen Clanoberen, die Gefangenen zu mehr Schanzarbeit anzutreiben. Holzpfähle und Steinmauern boten bald ein festes Bollwerk, das nicht einfach zu überwinden war.

Er machte seine Besitzansprüche auf Brigid bei jeder Gelegenheit deutlich, und es gab viele Gelegenheiten, um sich vor den anderen Kriegern zu brüsten. Die hatten natürlich auch Frauen und Kinder geraubt, doch keine war so schön wie

Brigid. Die einzelnen Familienclans schienen nichts dagegen zu haben, dass sich die Zahl ihrer Hausinsassen vermehrte, ja, Beutefrauen schienen zum festen Bestandteil einer Mord- und Plünderfahrt zu gehören, und man verhöhnte den mit Spottversen, der gleichsam mit leeren Händen nach Hause zurückgekehrt war. Die Zugänge an Menschen unterlagen einer bestimmten Rangordnung. Die zuletzt dazugekommenen Frauen gehörten der geringsten Stufe an, sie mussten die niedrigsten Arbeiten verrichten und waren als Sklaven und Unfreie oft der Willkür anderer Frauen ausgesetzt, deren Status mit jedem Raub ein wenig wuchs.

Agmundr gehörte zur adeligen Oberschicht. Er ließ keinen Zweifel aufkommen, dass Ginnlaug keineswegs als Sklavin oder Unfreie zu behandeln sei – wie die meisten entführten und geraubten Opfer –, sondern eine besondere Stellung einnehme. Er schärfte seiner Ehefrau und den anderen Hausangestellten ein, sie vor der üblichen Hausarbeit zu verschonen, und gab seiner Umgebung immer wieder zu verstehen, dass die junge Frau ihm gehöre, mit ihm übers Jahr vermählt und seine neue Häuptlingsfrau werde. Agmundrs Frau Hallgrim billigte diesen Schritt keineswegs und trug sich zunächst mit dem Gedanken, sich von ihrem Mann scheiden zu lassen, was nach Wikingerbrauch ohne Schwierigkeiten möglich gewesen wäre, wenn eine Ehefrau sich schlecht behandelt gefühlt hatte. Doch sie beschloss, um ihren Stand und ihre Rechte zu kämpfen. Die Hervorhebung durch Agmundr erleichterte Brigids Los keineswegs. Neid und Missgunst der anderen Familienmitglieder nährten den Hass gegen sie, und oftmals folgten ihr vernichtende Blicke.

Brigid spürte, dass sie auch bei anderen Adeligen und Freien Begehrlichkeiten weckte. Sie verstand zwar nicht, was die Männer miteinander sprachen, doch aus der Heftigkeit, mit der die Gespräche zuweilen geführt wurden, und aus den Drohgebärden der Krieger schloss sie, dass es sich um sie handelte. Einer von ihnen war Solvi, fast im gleichen Alter wie Agmundr und ihm an Stärke ebenbürtig. Solvi hatte in einer Schlacht ein Auge verloren und trug eine Augenklappe. Er galt als jähzornig und wenig kompromissbereit. „Er hat nur ein Auge, und dieses Auge hat er auf Ginnlaug geworfen", neckten ihn seine Getreuen. Solvi suchte nach einer Gelegenheit, Ginnlaug Agmundr abspenstig zu machen.

Agmundr hatte sechs Söhne, die Töchter zählte er nicht. Der älteste hieß Tyr. Er würde nach dem Tode des Vaters einmal Anführer des Clans werden. Doch noch erfreute sich Agmundr bester Gesundheit, er war drahtig und wendig, bewies wiederholt seine Männlichkeit, indem er mit Mägden Kinder zeugte. Er konnte mit dem Schwert wie selten einer umgehen und besaß auch die besten nautischen Kenntnisse auf See. Daher wurde er von der Mehrheit der Sippen geachtet und auch gefürchtet. Den jüngsten Plänen seines Vaters, nämlich eine junge Frau zu nehmen, stand Tyr ablehnend gegenüber, schon mit Rücksicht auf seine gekränkte und geliebte Mutter Hallgrim. Ihre Rivalin war so jung, dass sie eher zu Tyr, statt zu einem älteren Mann gepasst hätte.

Manchmal, wenn Tyr von der täglichen Arbeit bei den Booten, dem Flicken der Netzte oder den oftmals mehrere Tage dauernden Fangzügen in den Fischgründen der offenen See zurückkam, suchte er unter irgendwelchen Vorwänden die Nähe Brigids. Einmal war es ein abgetrennter Knopf, den er ihr zum Annähen an sein Wams entgegenhielt, mal ein am Ärmel zerrissenes Hemd, das er zu flicken bat. Es gab auch andere Sklavinnen oder Mägde, die diese Arbeiten hätten ausführen können, doch Tyr hielt sich an die junge Irin. Während Brigid seine Kleidung ausbesserte, stand er auf der Türschwelle und sah zu, wie sie mit flinken Händen seine Wünsche erfüllte. Einmal bedankte sich Tyr mit einer wilden Rose, die er aus einer Hecke an der Düne gebrochen, das zweite Mal mit einem seltsam geformten, von hellen Adern durchzogenen Stein, den er am Strand aufgelesen hatte. Brigid dankte ihm mit einem Kopfnicken und niedergeschlagenen Augen. Pech nur, dass Agmundr heimlich Zeuge der zweiten Geschenkübergabe wurde. Er kam hinzu, schubste Brigid zur Seite und versetzte seinem Sohn einen so gewaltigen Schlag gegen den Kopf, dass er zu Boden stürzte. Brigid schrie auf, der Häuptling warf ihr einen wütenden Blick zu und stieß einen Fluch aus. Dann stürmte er, ohne die beiden weiter zu beachten, aus dem Haus. Brigid half Tyr auf die Füße. Er war benommen, blutete aus der Nase und schickte sich an, mit dem Ärmel seines Hemdes die Blutspur aus dem Gesicht zu wischen – da fasste Brigid seinen Arm. Sie reichte ihm ein Tuch. In diesem Augenblick begegneten sich ihre Augen. Tyr lächelte, während er das Blut aus dem Gesicht entfernte, Brigid wurde rot. Es fiel kein Wort. Der junge Wikinger gab das Leintuch zurück und verließ den Raum. Die Irin spürte, dass sie immer stärker in den Sog eines Konfliktes geraten würde, der mit Worten nicht zu lösen war.

Für kurze Zeit ging Tyr seinem Vater aus dem Weg, mied auch das gemeinsame Mittag- oder Abendessen und entfernte sich unter irgendeinem Vorwand aus dem Dorf. Oftmals traf er sich mit Freunden. Ihre Geschicklichkeit beim Speerwerfen, Bogenschießen oder im Zweikampf mit dem Kurzschwert zu messen gehörte zu den Gepflogenheiten des Alltags junger Männer, und so fiel es nicht auf, wenn jemand eine Weile die Familie vernachlässigte. Wenn er aber wusste, dass sein Vater sich mit anderen Häuptlingen oder Bootsführern traf, etwa um einen neuen Raubzug auszutüfteln oder gemachte Beute nach Rang zu verteilen, trieb sich Tyr gern im elterlichen Haus in der Küche herum in der Hoffnung, Brigid – oder Ginnlaug, wie man sie hier nannte – zu treffen. Meist war sie mit häuslichen Arbeiten beschäftigt. Die bäuerliche Kultur ihrer Heimat war anders geprägt als die mit der Seefahrt verwachsenen Gewohnheiten ihrer neuen Umgebung, und sie versuchte, einige Neuerungen einzuführen. Dazu gehörte das regelmäßige Spülen

des Geschirrs nach den Mahlzeiten, wozu sie und ihre Mutter das klare Wasser einer in der Nähe befindlichen Quelle verwendet hatten. Hier aber stellte man die Teller und Becher einfach auf den Boden, um sie von den Hunden blank lecken zu lassen. Es dauerte eine Weile, bis Brigid diesen Brauch im Haushalt ihrer Herrin durch ihre daheim gewohnte Praxis ersetzt hatte, was zunächst widerstrebend und mit Argwohn aufgenommen worden, dann aber nach entsprechender Überzeugungsarbeit gelungen war. Brigid hatte inzwischen einige Worte in der Wikingersprache aufgeschnappt und ihre Bedeutung verstanden. Wo sie sich nicht verständlich machen konnte, halfen ihr Gesten und Zeichen. Auch mit Tyr verständigte sie sich so, wenn er, sich verlegen an der Küchentür herumdrückend, ihrer Beschäftigung zusah.
„Du – schön“, sagte er eines Tages, nachdem Brigid sich am Brunnen vor dem Haus das Haar gewaschen und gekämmt hatte. Er bemühte sich, wenn er sich von seiner Familie unbeobachtet fühlte, sogar einige gälische Wörter aufzuschnappen, die der jungen Frau manchmal versehentlich über die Lippen kamen.
„Agmundr – schimpft“, erwiderte Brigid wohl mehr als einmal, wenn sie Tyrs dezenten Annäherungsversuchen auswich. Sie wusste ja, wie gefährlich und jähzornig der Häuptling, der sie zur Frau begehrte, werden konnte. Sie spürte jedoch auch, dass Tyr ihr wohlgesonnen war und sie sich bei ihm nicht in Gefahr befand. Ja, es kamen Tage, an denen Brigid die Anwesenheit des jungen Mannes herbeisehnte, wenn das Heimweh wieder übermächtig ihre Gedanken beherrschte und sie in ihrer Verlassenheit einen Zufluchtsort suchte.
Am meisten fürchtete sich Brigid vor Hallgrim, deren Haltung eindeutig feindselig war. Wiederholt versuchte sie, mit der Hausherrin ins Gespräch zu kommen. Durch unterwürfige Gesten, Zeichen der Ergebenheit und den Worten, die sie in der Wikingersprache bisher gelernt hatte, verdeutlichte sie ihr,

dass sie als Gefangene keinesfalls mit Agmundr verheiratet werden wolle, dass sie ihren Mann nicht liebe und am liebsten in ihre Heimat zurückkehren würde. Hallgrim verstand endlich die Not, in der sich Brigid befand, und aus dem anfänglichen Hass entwickelte sich mit der Zeit Mitleid, ja sogar verhohlene Sympathie.

„Du könntest mir die Füße mit Schweinefett einreiben, damit ich sie wieder als Teil von mir spüre", brummte Fursa und streckte seinem Freund Brenach die Beine entgegen. Die Füße waren dick und gerötet, die Fußsohlen von aufgestochenen Blasen rau und wund. An einigen Stellen hingen noch kleine Fetzen Haut.
„Das war wahrhaftig kein Spaziergang", nickte Brenach und nahm die Füße des Freundes näher in Augenschein. „Du wirst erst einmal drei Tage Bettruhe bekommen, bevor du dich hier nützlich machen kannst."
„Drei? Nach einem Tag bin ich wieder auf den Beinen, mein Lieber. Glaubst du, ich hielte es auf der Pritsche aus, wenn ich euch draußen arbeiten höre?"
„Umso besser, Fursa. Der Wiederaufbau geht zwar ganz erfreulich voran, doch auf deinen Rat wollen wir nicht verzichten. Den Spiralschmuck und das Dekor an den Säulen und Rundbögen möchte Abt Comgall gern dir überlassen. Denn ich habe ihm gesagt, dass du ein ausgezeichneter Steinmetz seiest."
Fursa sprang auf, ließ sich jedoch sofort mit schmerzverzerrtem Gesicht wieder auf die Pritsche fallen und zog die Füße an sich. „Bist du des Teufels?", rief er. „Ich kann Schafe scheren und Wagendeichseln reparieren, aber keine Heiligengesichter in die Wände schneiden. Wenn es euch hier um Kunstwerke

geht, hättet ihr besser nach Ronan geschickt, der ist Meister seines Fachs und hat nicht nur auf Scattery Island, sondern auch in Rattoo herrliche Engel und Heilige aus dem Stein ins Leben gerufen – allen zur Freude und zur Erbauung."
Brenach grinste. „Das war nur Spaß, lieber Fursa. Natürlich weiß ich, dass du für das Praktische und nicht für das Künstlerische bist. Entsprechend habe ich dem Abt berichtet. Du wirst dafür sorgen, dass wir es mit den Wikingern nicht sobald wieder zu tun bekommen, nicht wahr? Und wenn, sollen sie einen Denkzettel mitnehmen, dass ihnen Hören und Sehen vergeht."
Fursa ließ zufriedene Töne hören. „Auf Scattery Island werden sie sich nicht so schnell mehr blicken lassen. Bei ihrem letzten Besuch haben sie ganz schön Federn gelassen, denn wir waren auf den Angriff vorbereitet und haben sie entsprechend empfangen."
„Genau das schwebt auch mir vor, lieber Freund", begeisterte sich Brenach. „Der Abt teilt zwar nicht meine Meinung, denn er predigt im Sinne des Herrn die Feindesliebe, doch wir Mönche haben das Recht zur Selbstverteidigung. Schließlich sind wir keine Lämmer, die man zur Schlachtbank führt."
Findbar schaute um die Ecke. „Entschuldigt, ich wollte nicht stören, sondern nur fragen, ob ich dem neuen Gast etwas Gutes tun kann. Mit einem Becher Milch zum Beispiel oder einer Honigbrotschnitte?"
„Igitt igitt! Bin ich eine schwangere Frau, der du damit einen Dienst erweisen kannst?", rief Fursa. „Gegen einen Schluck Met hätte ich allerdings nichts einzuwenden."
„Es ist Fastenzeit."
„Wir haben viele Fastenzeiten", ergänzte Brenach.
Fursa schüttelte sich. „Wohin bin ich hier nur geraten!" Er saß halb aufgerichtet auf der Pritsche und ließ die Beine baumeln. Die Lämmer und die Schlachtbank gingen ihm nicht aus dem Kopf. „Es wird schwer halten, nicht zur Schlachtbank geführt zu werden", sinnierte er.

„Wie meinst du das?“, fragte Findbar neugierig.
„Nun, auf Scattery Island haben wir einen schönen, massiven Rundturm. Du weißt, dass die Mönche, die den liturgischen Dienst versehen, vor den Gottesdiensten aus den Fenstern hoch oben die Handglocken schwingen und die Menschen zur hl. Messe einladen. Dieser Rundturm ist jedoch auch vorzüglich zu unserem Schutz geeignet. Wir können bei Gefahr unsere Klosterschätze in ihm verstauen und uns selbst in Sicherheit bringen. Es gibt dort verschiedene Kammern, in die wir Getreidevorräte und andere Lebensmittel, vor allem aber Wasserbehälter einlagern. Bisher hat noch kein Wikinger einen Rundturm betreten. Mit ihren Schwertern und Lanzen können sie dagegen nichts ausrichten.“
„Ihr geht also ‚türmen‘, so, so“, feixte Findbar.
„Es gibt ein altes irisches Sprichwort: Wenn du deine Macht nicht gebrauchst, wird sie dich verlassen und zu jemandem gehen, der sie zu nutzen weiß. – Wir haben uns unserer Haut gewehrt.“ Fursa begann zu grinsen. „Zudem haben wir – was ich eurem Abt nie erzählen würde – die Wikinger einmal mit einer Portion siedendem Öl empfangen, die wir ihnen auf den Pelz geschüttet haben. Doch hier wird es fast unmöglich sein, den Angreifern auszuweichen, denn ihr habt keinen Rundturm.“
„So wollen wir einen bauen!“, rief Findbar begeistert. „Ich werde noch heute mit dem Abt reden.“
Fursa winkte ab. „Schlag dir das aus dem Sinn, mein Lieber. An einem Rundturm unserer Größe und Stärke baut man Jahrzehnte. So lange werden die Wikinger nicht warten, bis sie wieder einmal den Blackwater-River hinauffahren. Was willst du mit dem Häufchen Mönche, die hier zur Verfügung stehen, und den wenigen Freiwilligen ausrichten? Wir können froh sein, wenn wir eine Mauer um das Kloster fertig bekommen und ein paar Stolpersteine einbauen, die den Plünderern den Zugang erschweren. Ich habe auch schon an eine Hecke gedacht, die

in geziemendem Abstand gepflanzt werden könnte. Sie muss mit Stroh, trockenen Gräsern und anderem leicht brennbaren Material ausgestopft werden. Wenn wir Glück haben, das heißt, wenn das Wetter es gut mit uns meint und es nicht regnet, kann man die Hecke anzünden und den Wikingern Widerstand entgegensetzen."

Findbar lachte hell auf. „Glaubst du, die Wikinger melden sich an? Übermorgen um Mitternacht werden wir euch überfallen? Sie kommen meist in einer Nacht und zu einer Stunde, wo man es nicht vermutet. Und dann wird niemand bereitstehen, um das Feuer zu entzünden, weil jeder an die eigene Sicherheit denkt oder schon unter den Beilhieben der Angreifer seinen Geist aufgegeben hat. Nein, von einer Schutzhecke halte ich nichts."

„Das dachte ich mir", lächelte Fursa. „Du hast ja auch nicht die Erfahrungen, die Brenach und ich mit Wikinger-Überfällen haben. Ich mache dir einen anderen Vorschlag: Stell dir vor, die Feinde dringen in den Klosterbezirk ein und beginnen ihr grausames Handwerk. Viel Widerstand können wir ihnen nicht entgegensetzen, denn sie sind uns zahlenmäßig haushoch überlegen. Doch wenn es zweien oder drei von uns gelänge, eines ihrer meist notdürftig bewachten Boote vom Ufer zu lösen und der Strömung zu überlassen, bekämen die Wikinger ein Problem."

„Das verstehe ich nicht." Findbar zuckte die Achseln. „Die Wikinger sind mit allen Wassern gewaschen."

„Aber nicht alle können schwimmen", rief Fursa. „Obschon sie tüchtige Seeleute sind, sind sie im Wasser doch nicht zu Hause. Wenn sie also zu ihren Booten zurückkehren und ein Schiff vermissen, hält es schwer, die restliche Besatzung unterzubringen. Wir haben diese Taktik auf Scattery Island angewandt und mit Freuden gesehen, wie ein überladenes Boot in den Fluten des Shannon versank. – Du wirst dich erinnern, Brenach."

Brenach nickte. Er ärgerte sich, dass Findbar so einfach in die Unterhaltung geplatzt war.

Findbar bekreuzigte sich. „Es ist nicht christlich, über den Untergang seiner Feinde zu frohlocken“, rief er. „Lass das nicht Abt Comgall hören, er würde dich umgehend zu Abt Erc zurückschicken.“

Fursa dachte an die Beschwernisse seines langen Fußmarsches und zog es vor zu schweigen. Es ist also ehrenhaft, im Geist Christi das Leben zu verlieren, um die ewige Seligkeit zu gewinnen, kam es ihm spöttelnd in den Sinn, und er gab vor, noch ein Stündchen zu ruhen – seiner malträtierten Füße wegen.

Tyr konnte nicht schlafen. Er wälzte sich auf seinem Bett von einer Seite auf die andere. Der Mond schien hell durch das Fenster seiner niedrigen Kammer, sodass die Gegenstände im Raum deutlich zutage traten. An der Wand hing sein Bärenfell, darunter das Leinenhemd und der breite Gürtel mit der Silberschnalle. Die Schuhe mit den Wickelbändern aus Leder standen neben der Tür. Das Kurzschwert lag unter seinem Bett, griffbereit. Seit er endlich der Kinder- und Jugendzeit entwachsen und in den Kreis der Jungmänner aufgenommen worden war, musste er sein Bett nicht mehr mit einem seiner Brüder teilen. Dieser Vorzug machte ihn stolz, denn er berechtigte auch zu manchen Vergünstigungen: Er war nicht mehr der geduldige Befehlsempfänger wie die Sklaven und Dienstboten im Haus, er durfte bestimmte Arbeiten in Hof und Hafen selbstständig ausführen. Der Vater hatte ihm Aufsicht und Pflege von zwei Fischerbooten übertragen. Auch die Fangnetze und die Seile waren ihm anvertraut worden. Nur das hauseigene große

Drachenboot, in dem ungefähr 32 Mann Platz fanden und mit dem die Männer über das Meer zu ihren Beute- und Eroberungszügen aufbrachen, unterstand ihm nicht. Darüber wachte Agmundr selbst, und er ließ ihm aufmerksame Pflege angedeihen.

Tyr sah, wie das Licht des Mondes an den Wänden seiner Kammer unmerklich weiterwanderte und bereits den Türrahmen erfasste, und schloss daraus, dass Mitternacht längst vorbei sein musste. Doch der Schlaf wollte nicht kommen. Plötzlich hörte er ein Geräusch von leisen Schritten vor der Tür. Es kam aus der Richtung, in dem seine Eltern schliefen, und verlor sich an der Treppe, die in den hinteren Teil des Hauses führte. Dort schliefen die Mägde in zwei getrennten Räumen. Hier war auch Brigid untergebracht worden. Um ihre Flucht zu vereiteln – doch wohin hätte sie fliehen können? – hatte Agmundr ihr eine ihm besonders ergebene Sklavin als Zimmergenossin zugeteilt. Tyr ahnte nichts Gutes. Wer nichts zu verbergen hatte, nahm gewöhnlich keine Rücksicht auf den Laut seiner Schritte. Vater polterte zuweilen sogar ungeschickt an seiner Tür vorbei, wenn er im Hof seine Notdurft verrichten wollte. Jetzt musste jemand anderes im Haus unterwegs sein. Der junge Wikinger erhob sich, ergriff sein Schwert und betrat lautlos den Flur. Der Gang lag im Halbdunkel, wurde jedoch stellenweise vom Licht des Mondes erhellt. Tyr schlich auf Zehenspitzen vorwärts, das Schwert griffbereit. Plötzlich erschütterte ein Schrei die Stille des Hauses. Er kam aus dem Raum, in dem Brigid schlief. Mit drei, vier Sätzen war Tyr an der Tür zur Mägdekammer. Er sah seinen Vater, der sich über die Irin beugte und ihr den Mund zuhielt. Groß wie die Pranke eines Bären lag seine Hand auf Brigids Gesicht. Sie strampelte mit den Beinen und versuchte verzweifelt, den Eindringling abzuschütteln. Doch Agmundr war stark. Das andere Mädchen, das neben Brigid schlief, hatte sich aufgerappelt und war aus dem Zimmer geflohen.

„Vater!“, schrie Tyr, sprang auf dessen Rücken und versuchte, ihn von Brigid loszureißen. Agmundr drehte sich um, und indem er seinen Sohn abschüttelte, drückte er ihn mit aller Kraft gegen die Wand. Tyr fürchtete, keine Luft mehr zu bekommen, so stark war der Druck. Doch mehr als die Todesangst, die er dabei empfand, nahm er den hasserfüllten Blick seines Vaters wahr. Einen Augenblick erwartete Tyr, dass der Vater sein Messer ziehen und ihm den Hals durchschneiden würde, so viel Wut las er in seinem Gesicht. Doch dann lockerte Agmundr den Griff, der Sohn sackte zu Boden. Sein Kopf schlug an den Türpfosten. Agmundr stürzte fluchend hinaus.
Es dauerte eine Weile, bis Tyr zu sich kam. Er sah Brigid vor sich, die ihm mit zitternder Hand ein Kissen unter den Kopf geschoben hatte. Sie murmelte Worte, die Tyr nicht verstand, die aber wie ein Gebet klangen. Der Wikinger rappelte sich auf und zugleich machte er eine Bewegung, die auch Brigid auf die Füße half. Die Augen der jungen Frau waren voller Entsetzen auf ihn gerichtet. Tyr verspürte den Wunsch, Brigid in die Arme zu schließen, aber er scheute sich, und so griff er nur nach ihrer Hand. Sie zog sie nicht zurück. So standen sie einen Augenblick, wortlos, doch mit pochendem Herzen vor Aufregung über den überstandenen Zwischenfall.
Tyr ordnete seine Kleidung, nahm das Kurzschwert auf und wollte eben in sein Zimmer zurückgehen. Doch Brigid nahm noch einmal seine Hand. „Danke“ sagte sie, „danke! Was wäre geschehen, wenn du nicht gekommen wärst!“ Tyr verstand nicht alle Worte, doch er ahnte ihre Bedeutung. Dann machte er mit der Hand ein Zeichen, Brigid möchte den Riegel an der Tür zu ihrem Zimmer nachts immer geschlossen halten. Das Mädchen nickte.
Hallgrim, Tyrs Mutter, erschien auf dem Flur, ein Licht in der Hand. Sie hatte, vom Lärm im Hause geweckt, eilig ein Tuch über ihre Schultern geworfen und blickte nun schweigend auf die Szene. Sie ahnte, was sich ereignet hatte oder geplant war.

Ihr Mann war nicht zu ihr ins Schlafzimmer zurückgekommen. Wahrscheinlich hielt er sich im Hof auf und sann auf Rache. Mit gesenkten Augen ging Tyr an seiner Mutter vorbei. Niemand sagte ein Wort. In seine Kammer zurückgekehrt, stand Tyr noch unter dem Schock dessen, was geschehen war. Kein Zweifel, der Vater hatte ja keinen Hehl daraus gemacht, Brigid heiraten zu wollen. Was jedoch schwerer wog, war, dass der Sohn sich seinem Vater in den Weg gestellt und von seinen Plänen abgebracht hatte. Das kam einem Aufstand gleich, einer Missachtung der patriarchischen Würde! Eine entführte Frau war vogelfrei, so lautete das Gesetz. Der, in dessen Hand sie war, konnte über sie nach Gutdünken verfügen. In der Geschichte der Wikinger gab es nur wenige Beispiele, wo sich Söhne gegen ihre Väter erhoben oder sich ihren Zielen widersetzt hatten.

In der Folgezeit ging Tyr seinem Vater so oft wie möglich aus dem Weg. Und auch Agmundr schien die Nähe seines ältesten Sohnes zu meiden. Die befürchtete Strafe für den Widerstand gegen seine Autorität blieb indessen aus. Der Vater erschien nicht bei Tisch, wenn er wusste, dass Tyr anwesend war. Er ging vielmehr mit seinen Clangenossen des Öfteren auf die Jagd oder er traf mit ihnen Vorbereitungen für den geplanten Raubzug, den er jetzt jedoch nicht auszuführen gedachte, weil das Meer in diesen Monaten hoch und unberechenbar war. Ottar, Tyrs erster Bruder in der Rangfolge nach ihm, umschmeichelte seinen Vater und versuchte die Gunst zu ersetzen, die Tyr verspielt hatte.

„Ich habe Respekt vor dem, was du getan hast“, sagte Hallgrim eines Tages zu ihrem Sohn. „Aber du weißt auch, dass dein Vater dir das nicht verzeihen wird. Du hast seine Ehre zutiefst verletzt.“

Tyr begehrte auf, doch seine Mutter unterbrach ihn sofort.

„Ich weiß, was du sagen willst. Du willst sagen, dass du meinetwegen so gehandelt hast, weil du es nicht ertragen konn-

test, wie dein Vater mich auf diese Weise missachtete. Das ist löblich, mein Sohn. Doch leider haben Männer in dieser Gesellschaft das Recht, so zu handeln wie dein Vater."
„Und Brigid?", fragte Tyr mit belegter Stimme. „Muss sie sich ebenfalls auf diese Weise erniedrigen lassen?"
„Ach, du fragst auch nach ihr?" Hallgrim lächelte. „Nein, keine Frau sollte so behandelt werden. Es ist eine Schande, dass Frauen so wenig Rechte haben und als Freiwild gelten. Du scheinst ja ganz aus der Art zu schlagen, mein Guter."
Tyrs Gesicht wurde rot. Er hustete, um seine Verlegenheit zu überspielen. Dann erfand er irgendeinen Grund, um das Gespräch beenden zu können. Er ging in den Hof hinaus und sah nach den Schafen.

Der neuerliche Übergriff Admundrs versetzte Brigid noch mehr in Angst vor den Wikingern als bisher. Sie wusste, dass sie als Gefangene ihrer Willkür ausgesetzt war und sich vor allem vor Admundr in Acht nehmen musste. Seit dem nächtlichen Zwischenfall hatte er sie gemieden, und auch Brigid war ihm, wo immer es möglich war, ausgewichen. Vielleicht hatte auch Hallgrim das ihre getan, um sie dort zu beschäftigen, wo Admundr in der Regel nicht auftauchte, in der Wäschestube etwa oder in der Gärtnerei. Auch wenn das Areal, auf dem im Frühjahr Setzlinge gepflanzt und im Herbst Wirsing und Weißkohl geerntet wurden, nicht groß war, so gab es hier doch einiges zu tun, das ausschließlich Frauenarbeit war. Brigid arbeitete gern, auch wenn Admundr einst befohlen hatte, sie zu schonen. Doch bei der Arbeit kam die Irin auf andere Gedanken und milderte vorübergehend das Los ihrer Gefangenschaft.

Es war sicher kein Zufall, dass Tyr immer dort auftauchte, wo Brigid sich gerade aufhielt. Unter irgendeinem Vorwand verschaffte er sich Zugang, stand eine Weile pfeifend an der Tür oder am Gartentor, beobachtete sie bei der Arbeit oder lächelte ihr zu. Brigid ertappte sich immer öfter dabei, dass sie dieses Lächeln erwiderte, ja, dass sie auf das Erscheinen des jungen Wikingers hoffte, wenn er sich eine gewisse Zeit nicht hatte blicken lassen. Wen hatte sie auch sonst, dem sie Vertrauen schenken konnte? Denn dass sie von Tyr nichts Böses befürchten musste, das spürte sie.
Hallgrims Verhalten war zwiespältig. Auf der einen Seite ahnte Brigid ihre Solidarität, die Frauen, die nicht glücklich sind, zuweilen miteinander verbindet, auf der anderen Seite war offensichtlich, dass Hallgrim Brigid als Rivalin empfand. Schließlich hatte ihr Mann ihr gegenüber wiederholt angekündigt, dass er die junge irische Frau heiraten würde.
Agmundr beachtete seinen Sohn nicht. Er tat, als sei Tyr Luft für ihn. Bei Tisch, wo sie einander nicht ausweichen konnten, sprach er nur mit seinem zweiten Sohn Ottar. Ihn weihte er in viele seiner Pläne ein. Er beauftragte Tyr auch nicht mehr mit Arbeiten in Haus und Hof, sondern übertrug sie Ottar. Hallgrim wollte mehrmals eingreifen, den Anordnungen ihres Mannes widersprechen. Es sei nicht hinnehmbar, dass der Erstgeborene so brüskiert werde, doch dann entschloss sie sich zu schweigen, um die Wut auf Tyr nicht noch mehr herauszufordern.
In diesem Schwebezustand des Ungewissen gingen die Tage dahin. Ein Aufatmen gab es nur, wenn das Familienoberhaupt für einige Tage abwesend war, sich mit seinen Kumpanen im Nachbarort zu ausgelassenen Trinkfesten traf und erst nach einer Woche zurückkehrte. In diesen Nächten schlief Tyr ruhig. Sonst schreckte er mehrmals auf und lauschte auf die Geräusche im Haus. Nein, sein Vater suchte Brigid nicht noch einmal in ihrer Kammer heim, und Tyr überzeugte sich mehrmals heimlich, dass der Riegel an der Tür hielt.

An einem der spätherbstlichen Tage – es dunkelte schon früh – lud Tyr Brigid zu einem Spaziergang ein. Nach dem Abendessen verabredeten sie sich an einer bestimmten Stelle am Strand. Tyr freute sich, dass Brigid gleich zusagte, als er ihr mit Zeichen und Worten seine Einladung verdeutlicht hatte. Hallgrim fühlte sich nicht wohl und ging früh zu Bett. Ottar suchte seine Freunde auf. Die Mägde und die anderen Hausbediensteten zogen sich in ihre Kammern zurück.
Tyr und Brigid gingen eine Weile schweigend nebeneinander. Das Meer rauschte, die Wellen tobten und verebbten im kühlen Sand. Brigid blieb stehen und blickte in die Richtung, in der sie Irland vermutete. Sehen konnte sie nichts außer die ferne, tiefe Dunkelheit, die den Horizont überzog. Tyr nahm ihre Hand. „Heimweh?", fragte er. „Ja, immer", erwiderte sie, „doch jetzt ist es nicht so schwer."
„Du meinst, weil du hier, an meiner Seite, gehst?"
Es dauerte eine Weile, bis Brigid diese Worte begriff. Denn noch war ihr die Wikingersprache nicht ganz geläufig. Und Tyr hatte, was das Gälisch der Irin betraf, noch manche Verständigungslücken.
„Ja", sagte sie, „es ist schön, hier zu gehen."
Tyrs Herz kam vor Freude aus dem Rhythmus. „Ja, es ist schön hier", nickte er.
Eine Weile schwiegen sie. Sie hielten sich noch immer an den Händen.
Brigid blieb stehen. „Wann wird Agmundr mich zwingen, seine Frau zu sein?", fragte sie plötzlich.
Die Frage traf Tyr wie ein Faustschlag und riss ihn aus seinen Träumen.
„Niemals", rief er, „niemals darf das geschehen!"
„Du wirst nicht gefragt, du bist nur der Sohn und musst gehorchen."
„Ich werde es nicht zulassen."

„Und wirst wieder einen Schlag ins Gesicht bekommen. Dein Vater ist stärker als du – und er sagt, was geschehen soll.“
„Und du? Was wirst du tun? Irland ist weit und die Flucht aussichtslos.“
„Mich töten, nein, das verbietet mir meine Religion. Ich weiß nicht, was wird. Vielleicht gibt es einen gnädigen Gott, und ich sterbe, bevor mich das Schicksal ereilt.“
„Du und sterben? Nein, nein, das darf nicht sein!“, rief Tyr gegen den Sturm, der die Wellen vor sich her trieb.
„Und weshalb nicht? Bin ich tot, wird auch dein Leben wieder in Ordnung kommen.“
Tyr riss Brigid an sich. Schmerzhaft spürte sie seine Umklammerung. „Nichts kommt in Ordnung, wenn du fortgehst. Ich … ich liebe dich!“
Brigid schloss die Augen. Glückselige Wärme durchströmte sie. Dann spürte sie Tyrs Lippen auf ihrem Mund.

Unter den gefangenen Frauen, die als Unfreie auf der Inselsiedlung hart arbeiten mussten, befand sich eine ältere irische Frau, die schon viele Jahre bei den Wikingern lebte und ihre Sprache erlernt hatte. Wegen eines Muttermals, das die rechte Gesichtshälfte verdunkelte, hatte niemand sie zum Eheweib genommen. Ein solches Zeichen auf der Haut galt als Strafe der Götter; vielleicht hatte einer der Vorfahren ein Verbrechen begangen und Thor erzürnt. Es war nicht sicher, ob sie jemals in den Wikingerhimmel, an den Ort namens Asgard, kommen würde. Die Frau war Christin, das Vorurteil der Wikinger gegen sie bot ihr einen gewissen Schutz vor sexuellen Übergriffen. Es gab für Brigid keine Gelegenheit, mit ihr ins Gespräch zu kommen, denn Agmundr schirmte sie eifersüchtig von anderen Bewohnern des Dorfes ab. Die Frau hieß Eoin.

Eines Tages ließ Hallgrim Eoin und Brigid zu sich kommen und zog sich mit ihnen in einen abgelegenen Teil des Dorfes zurück. Hinter einem Brombeergesträuch setzten sie sich ins hohe Gras. Der Himmel war blau, die Vögel zwitscherten. Von Ferne drang das Rauschen der Wellen zu ihnen herauf. Der Ort war friedlich, doch Brigid sah ernste Entschlossenheit im Gesicht der Häuptlingsfrau.

„Ich habe dich zu mir befohlen, Ginnlaug, um dir meinen Entschluss mitzuteilen“, wandte sie sich an Brigid. Dann gab sie Eoin ein Zeichen, dass sie die Worte übersetzen solle. Dank ihres Eifers, die fremde Sprache zu erlernen, verstand Brigid die Wikinger inzwischen schon recht gut. Wenn Hallgrim dennoch eine Übersetzerin hinzuzog, so musste es etwas sehr Wichtiges oder Schwieriges sein, was sie zu sagen hatte, so dass sie Missverständnisse um jeden Preis ausschließen wollte.

„Ich weiß, dass mein Mann dich heiraten will, Ginnlaug“, fuhr Hallgrim fort, „aber ich werde das nicht widerspruchslos hinnehmen.“ Wieder übersetzte Eoin. „Ich weiß auch, Ginnlaug, dass du meinen Mann nicht liebst und keinesfalls seine Frau werden willst. Das habe ich deinen Gesten und Gebärden entnommen. Du hast vielmehr den Wunsch, von ihm fortzukommen und in deine Heimat zurückzukehren. Nun, dass sich diese Hoffnung erfüllt, kann ich nicht garantieren. Deshalb sinne ich auf eine List. Ich habe beobachtet und weiß es auch von Tyr persönlich, dass er dich sehr schätzt. Ich wage nicht zu hoffen, dass du seine Gefühle mit der Zeit erwidern kannst. Das ist eine eigene Geschichte. Doch ich habe meinen Sohn gewonnen, dich außer Landes zu bringen. Wohin, das wird sich zeigen. Den Weg nach Irland kenne ich nicht. Nur erst einmal fort von hier. Dadurch hoffe ich, meinen Gemahl wieder zur Vernunft zu bringen. Wie er auf eure Flucht reagieren wird, kann ich nur vermuten. Vielleicht wird er toben, vielleicht randalieren und gewalttätig werden. Das muss ich riskieren. Er wird auch Tyr den Verrat nicht verzeihen, er wird ihn vielleicht enterben und aus dem Verbund der Krieger ausstoßen. Doch wie jetzt kann ich nicht weiterleben. Wenn du also mit meinem Plan einverstanden bist, Ginnlaug, bitte ich um deine Zustimmung. Du kannst dir die Sache überlegen, aber bitte nicht zu lange. Höchstens bis übermorgen. Dann brauche ich deine Einwilligung oder Ablehnung. Was im Falle deiner Ablehnung geschehen wird, weiß ich nicht. Ich weiß nur, dass es zu einer Katastrophe kommen wird."

Eoin übersetzte. Manchmal musste sie die Worte wiederholen, Rückfragen beantworten. Brigid war aufs Äußerste angespannt, ihre Hände zitterten, ihr Herz schlug wild. Sie suchte nach Worten.

„Ich bin einverstanden", presste sie schließlich mit heiserer Stimme hervor. Sie hatte ein fiebriges Gesicht. „Wann, Hallgrim, soll die Flucht beginnen?"

„Wir wollen nichts überstürzen", erwiderte die Frau des Häuptlings. „Ich weiß, dass beim nächsten Vollmond das Thing stattfinden wird, das Thing, das über politische Angelegenheiten berät und Gesetze beschließt. Auch einige Rechtsfälle stehen zur Klärung an. Die Verhandlungen werden zwei, drei Tage andauern. Diese Zeit von Agmundrs Abwesenheit müssen wir nutzen."

„Und wie, wie hast du dir unsere Flucht vorgestellt?", fragte Brigid. Sie presste ihre Hände so fest aufeinander, dass die Knöchel weiß hervortraten. Eoin hatte Mühe, die vielen Fragen zu übersetzen, die Brigid auf den Nägeln brannten.

„Ich habe einen Schwager, Ingolf, der zwei Boote besitzt und euch eins überlassen wird. Ingolf hasst seinen Bruder wegen irgendwelcher Erbschaftsangelegenheiten, bei denen er sich übervorteilt fühlt, und wartet nur darauf, Agmundr eins auszuwischen. Es ist kein gewaltiges Boot, aber es ist seetüchtig und wird euch durch die Inselwelt dorthin bringen, wohin ihr wollt. Doch rate ich, so weit wie möglich von unserer Insel fortzusegeln. Ein Sklave wird euch begleiten und beim Rudern und Segeln helfen. Wenn es Agmundr in den Sinn kommt, wird er euren Fluchtweg entdecken und euch folgen. Darauf müsst ihr gefasst sein."

„Ist das auch keine Falle?", fragte Brigid besorgt, die aufgeregt mit heller Zustimmung und plötzlichen Bedenken kämpfte. Eoin übersetzte: „Ich verstehe, wenn du mich aus dem Weg schaffen willst, Hallgrim. Du könntest es einfacher haben, mich von einer Klippe stürzen oder auf andere Weise, etwa durch Gift, umbringen lassen. Dann wäre das Übel beseitigt. Doch welches Interesse solltest du an meiner Rückkehr in meine Heimat haben?"

Hallgrim lächelte. Sie zupfte eine Butterblume aus dem Gras und bot sie Brigid an. „Dich tot oder weit fort zu wissen, könnte mir genug sein, Ginnlaug. Doch ich will nicht egoistisch handeln, sondern auch an deine Wünsche denken. Es gibt ein geheimnisvolles Band, das uns Frauen miteinander verbindet, ohne dass wir es geknüpft haben oder sehen. Es ist eine stille Übereinkunft gegen die herrschende Männerwelt. Deshalb liegt mir auch ein wenig dein Glück am Herzen. Aber ich weiß nicht, was geschehen würde, wenn Agmundr dich tatsächlich zum Weib nimmt."

Der Wiederaufbau des Klosters Molana berücksichtigte eine Reihe von Sicherheitsvorkehrungen, die Fursa mit dem Abt absprach und nun ausführte. An die Errichtung eines Rundturmes, der den größten Schutz gewährt hätte, war nicht zu denken. Statt in die Höhe beschloss Fursa in die Tiefe zu

gehen. Unter dem früheren Scriptorium entstand dort, wo die wertvolle „Collectio Canonum Hibernensis“ in einer eisernen Truhe aufbewahrt wurde, ein großer Raum, der der Mönchsgemeinschaft bei Wikingerangriffen ein sicheres Refugium bieten sollte. Um das Versteck mit Frischluft zu versorgen, ließ Fursa zwei Baumstammhälften aushöhlen und aufeinander pressen und so geschickt anbringen, dass sie von der Decke des Verstecks aus unterirdisch quer in den Kreuzganggarten führten und ihre Enden unter Sträuchern und Büschen unauffällig zutage traten. Fackeln durften in diesem Fluchtkeller nicht angezündet werden, um Rauch zu vermeiden und die Luft nicht zu vergiften. Fursa gestattete nur eine einzige Kerze als Lichtquelle. An zwei Wänden stellte er Regale auf, die vom Boden bis zur Decke reichten, in denen die heiligen Geräte und frommen Bücher Platz finden sollten, in denen aber auch zugleich die Lebensmittelvorräte gelagert werden konnten. Voraussetzung für die Vorsichtsmaßnahmen war, dass die Wikinger nicht überraschend in den Klosterbereich einfielen, sondern dass noch Zeit blieb, sich in Sicherheit zu bringen.
In der Regel machten die Räuber mit Geschrei und Waffengeklirr auf sich aufmerksam, bevor sie ihre Opfer niederstreckten. Es musste also eine kleine Spanne Zeit zur Verfügung stehen, um den unterirdischen Raum zu erreichen und die verborgene Tür zu schließen. Fursa wusste auch bereits, wie er dieses Problem lösen würde. Nach zögerlicher Erlaubnis des Klostervorstehers ließ er von Brendan und Mugint Seile aus Hanf und Gräsern anfertigen und miteinander verbinden. Diese schier endlose, starke Leine spannte er um den ganzen Klosterbezirk an den Bäumen entlang, und zwar so, dass sie, wenn man sie anzog, in Kniehöhe wie Fallstricke wirkte. Bei Dunkelheit würden die Wikinger das Hindernis nicht sehen, ins Stolpern geraten und zu Boden stürzen. Dieser Augenblick der Verwirrung bot den Mönchen Gelegenheit, den rettenden Fluchtraum aufzusuchen. Tagsüber lag die Leine auf dem Boden, erst

bei Einbruch der Dunkelheit, wenn niemand aus dem Konvent mehr unterwegs war und keine Besucher erwartet wurden, wurde die Falle gestellt. Jeden Abend vor der Komplet oder den Vigilien teilten sich zwei Mönche diese Aufgabe.
Das zweite Hindernis, das für die Wikinger gedacht war, war die steinerne Klostermauer, die die Kirche, den Kreuzgang mit Kapitelsaal und Refektorium sowie die Kunstwerkstätten und Schlafräume wie ein schützender Ring umgab. Die Scheune und die Mühle lagen außerhalb dieser Mauer. Ein Wassergraben hinderte den Zugang, war für die Wikinger am Ende jedoch nicht unüberwindlich.
In Höhe des Hauptzufahrtweges vom Blackwater-River zur Abtei hoben Fursa und Brenach heimlich eine Grube aus, denn Vater Abt hätte seine Einwilligung dazu nie gegeben, und bedeckten sie mit einem großen schweren Brett, auf dem dünne Äste und Zweige befestigt waren. Tagsüber lag das Brett, dem Waldboden farbig angepasst, auf der Erde und verriet nichts von der unter ihr befindlichen Grube, des Nachts aber, wenn die Mönche schliefen, hing es, ausgelöst durch einen geheimen Mechanismus, hoch zwischen den Bäumen. Wann würde das erste Opfer in die Falle gehen?
Fursa beschäftigte lange die Frage, wie man rechtzeitig auf die Beutezüge der Wikinger aufmerksam würde. Die einfachste Methode wäre es, an der Mündung des Blackwater-Rivers Wachen aufzustellen, die ihre Ankunft weitermeldeten. Doch diesen Personalaufwand konnten weder Molana noch Ardmore und Youghal leisten. Die Konvente waren verhältnismäßig klein, für diese Aufgabe ständig Mönche abzuziehen hieße, die klösterliche Ordnung und damit den Sinn des monastischen Lebens überhaupt zu gefährden. Laien, die diese Wachdienste hätten übernehmen können, gab es nicht genug. Die Mönche trauten auch nicht jedermann, der ihnen ihre Hilfe anbot. Denn es gab in der irischen Geschichte immer wieder Verräter, die um eines Vorteils willen Landsleute ans Messer lieferten.

Warum sollte nicht auch ein geheimes Versteck oder ein verdeckter Zugang an die Wikinger verraten werden?

Das Kloster wuchs sogar größer als vorher und erstrahlte bald wieder in seinem alten Glanz. Unter den Mönchen aus Lismore gab es einige Künstler, die für den Kirchenschmuck sorgten, jedoch auch die Goldschmiede- und die Schreibwerkstatt wiederbelebten. Für Rohmaterialien hatten sich die Wikinger bei ihrem Überfall nicht interessiert oder sie in der Eile nicht gefunden, und so war ihnen ein Vorrat an Blattgold, Kupfer, Silber und Nickel sowie ähnlichen Metallen verborgen geblieben. Das galt auch für die Schafs-, Kalbs- und Ziegenhäute, die zu Pergamentstücken verarbeitet wurden und ihnen nicht in die Hände gefallen waren.
Aus Lismore war ein junger Steinmetz gekommen, der ein überdurchschnittliches Talent besaß. Er verstand es, den weichen Sandstein der Gegend wunderbar zu behauen und ihm Figuren und Ornamente einzumeißeln. Nachdem er schon zwei Hochkreuze bei Cluain Meala, dem späteren Clonmel, geschaffen hatte, hatte Abt Comgall seinen Mitbruder Colmán gebeten, den jungen Mönch Fainche auch für Molana ein solches Kreuz anfertigen zu lassen. Es sollte am Hauptzufahrtsweg zum Kloster errichtet werden, gleichsam zum Schutz der gesamten Anlage. Nach koptischer Überlieferung, auf der die Mönchstradition beruhte, wurde der heilige Klosterbezirk nämlich an allen vier Ecken mit einem Kreuz versehen, ein Schirm gegen den Zutritt von unliebsamen Gästen.
Drei Tage durchstreifte Fainche mit Kevin das Hinterland des Blackwater-Rivers auf der Suche nach geeigneten Steinblöcken. Es war unmöglich, ein Kreuz aus einem einzigen Quader zu schaffen, denn die Kreuze waren in der Regel nicht unter vier Meter hoch, und der Transport zur Werkstatt hätte die Mönche vor große Schwierigkeiten gestellt. Nachdem sie drei

geeignete Blöcke aus dem Fels geschlagen hatten, begannen sie mit den Roharbeiten gleich an Ort und Stelle. Sie unterteilten die Quader in Felder oder Rechtecke, in die später die Figuren und Ornamente eingemeißelt wurden. Der größte und breiteste Block würde den Sockel des Kreuzes bilden. Darüber erstreckte sich der schmale Schaft, der bis unter den Querbalken mit dem Sonnenring reichte. Nachdem sie diese Einteilung vorgenommen hatten, rückte eine Zehnermannschaft Mönche mit zwei Holzfuhrwerken an, um die Blöcke in den Klosterhof zu transportieren.
In der frühen Zeit der Hochkreuze, im 8. Jahrhundert, war die Arbeit insofern einfacher gewesen, als man die Menhire der Kelten mit Ornamenten und anderem Zierrat versehen hatte. Diese Menhire, etwa bis zu zwei Meter große schmale Steine, standen an ausgewählten Plätzen, an denen die Kelten ihre Gottheiten verehrten und wo die Erde durch besondere Kräfte wie Wasseradern gesegnet war. In die Menhire ritzten die Steinmetze der Klöster christliche Zeichen, vor allem das Kreuz, ein. Allmählich wuchs das Kreuz in Form des Querbalkens über den Schaft hinaus, sodass ein Hochkreuz entstand, dem als Symbol für die Sonne der Kreuzring zugefügt wurde. Das Symbol des Kreuzes war den Kelten allerdings nicht fremd gewesen. Sie stellten Menschen oft in Form kleiner Strichmännchen dar, und in Verbindung mit dem Kreis, dem alten Sonnenzeichen, bedeutete die Abbildung, dass der Mensch in der Schöpfung, in der Hand Gottes beschützt und aufgehoben war.
Jetzt war die Arbeit schwieriger geworden, denn sie geschah nicht mehr an Ort und Stelle, sondern es mussten neue geeignete Steine aus dem Fels gehauen und zum künftigen Standort geschafft werden. Es dauerte einen ganzen Tag, bis die vorgefertigten Steinquader auf den stämmigen Holzböcken unter einem Teil des überdachten Klosterhofs lagen, wo Fainche sich anschickte, sie zu gestalten. Er musste dabei recht überlegt und geplant vorgehen, schließlich sollte das Bildprogramm dem

leseunkundigen Volk, das sich in einiger Entfernung rings um den Klosterbereich angesiedelt hatte, als Bilderbibel dienen. Die Bildfolge, die Fainche in Stein verewigen wollte, begann – wie bei allen Kreuzen – auf der zukünftigen Ostseite und setzte sich im Uhrzeigersinn und im Ablauf des Sonnentages über Süd-, West- und Nordseite fort. Die Erinnerung an den keltischen Sonnenkult, der das vorchristliche religiöse Leben wesentlich mitbestimmt hatte, blieb hier lebendig. Hoch oben im Kreuzring des Ostens stellte Fainche Christus in der Glorie dar. Er war mit einem knöchellangen Gewand bekleidet, und seine Arme reichten bis in die Enden des Kreuzbalkens. Osten bedeutete Licht. An dem Platz, den sonst die Sonne in Form eines rotierenden Balles oder eines Rhombus einnahm, stand nun Christus als „sol invictus", als wahre, unbesiegbare Sonne. Er hatte Ré oder Rah, den ägyptischen Sonnengott abgelöst und doch nicht ganz verdrängt, denn das vermeintlich über den Horizont von Ost nach West ziehende Gestirn galt auch weiterhin als Symbol des unter dem Schutz Gottes stehenden Lebensweges. Die Sonne legte sich abends in der Wiege des Ozeans zur Ruhe, um sich gestärkt und strahlend am Morgen im Osten wieder zu erheben – auf dem Weg in einen neuen Tag.

Fainche hatte viele Zuschauer. Nicht dass sie ihn störten, sie durften ihm nur nicht zu nahe kommen. Bereitwillig beantwortete er die Fragen der Klosterbesucher, doch ließ er sich auch auf längere Diskussionen mit dem Klosterpersonal ein, wenn sie biblische Überlieferungen mit theologischen Erklärungen zu deuten versuchten. Auch Cummian Fada, der Goldschmied, fand sich ein. Er selbst mochte nicht, dass ihm jemand über die Schulter schaute, wenn er bei der Arbeit war, doch die Neugierde trieb ihn, seine eigenen Regeln zu missachten.

Fainche wurde nicht müde, geduldig darzulegen, warum er gerade diese und nicht jene Szene für Sockel und Schaft gewählt hatte. Dass er auch den Tierkreiszeichen auf kleinen quadratischen Feldern Raum gab, betonte die kosmische Bedeutung des Hochkreuzes. An die Herkunft der Mönchstradition erinnerte das Relief von Antonius und Paulus in der Thebais. Den beiden diskutierenden Mönchsvätern reicht ein Rabe ein ganzes Brot, sonst pflegte er dem Paulus nur ein halbes zu bringen. Wie tief drangen die überlieferten weisen Worte der Wüstenväter in die Herzen der Mönche. Ja, dieses Kreuz war wie viele seiner Art mit den biblischen Szenen des Alten und Neuen Testamentes wirklich ein Lehrstück, eine „Biblia pauperum", eine Bibel für die Armen, die nicht lesen oder sich keines der großartigen Bücher aus den Scriptorien der Klöster leisten konnten.

Kurz bevor die Einweihung des Gotteshauses stattfand, rief der Abt den nun aus sechzehn Mönchen bestehenden Konvent im Kapitelsaal zusammen. Die Bauern und die Bauleute waren inzwischen abgezogen. Es verdross Comgall, dass er sie nicht hatte entlohnen können, denn Molana besaß nach der Heimsuchung durch die Wikinger keine Schätze mehr, und er wusste auch, dass fromme Sprüche und die Hoffnung auf Vergeltung im ewigen Leben nicht ausreichten, um Menschen auf Erden glücklich zu machen. Doch die Bauern hatten auch keinen Lohn erwartet, es war ihnen wichtig, dass die traditionsreiche geistige Stätte in ihrem Umfeld erhalten blieb und dass die Mönche für sie, ihre Familien und Nachbarn weiterhin beteten.

„Ich bin euch allen sehr dankbar, meine Brüder", begann der Abt seine Rede vor dem versammelten Konvent. „Ihr habt große Anstrengungen unternommen, um das Kloster wieder

aufzubauen. Manchmal musste das klösterliche Leben in diesen Jahren zurückstehen. Wir haben versucht, die Stundengebete nicht zu vernachlässigen und auch die Eucharistie regelmäßig zu feiern. Doch des Nachts, die nach unserer Regel durch die Matutin hätte unterbrochen werden müssen, habe ich euch schlafen lassen, da ihr frühmorgens erholt und wieder bei Kräften sein solltet, um die schweren Arbeiten verrichten zu können. Nun, da unser Klosteralltag zu seiner gewohnten Form zurückfindet, bitte ich euch, die geistigen Übungen wieder stärker in den Blick zu nehmen und euch auf den vertrauten Wechsel von Arbeit und Gebet einzustellen. Ich habe dem Wunsch einiger Mitbrüder, Molana wiederzuerrichten und nicht in einem anderen Kloster um Aufnahme zu bitten, nach starken Bedenken stattgegeben in der Hoffnung, dass wir hier nun besonders unter dem Schutz Gottes und seiner Mutter Maria stehen. Die Gottesmutter wird uns eine große Fürsprecherin sein, damit wir hier die nächsten Jahre in Frieden leben können und vor weiteren Überfällen verschont bleiben."
Findbar gab ein Zeichen, dass er zu sprechen wünsche, doch wartete er geduldig, bis Comgall eine kleine Pause machte. Der Abt erteilte ihm das Wort.
„Die Wikinger werden immer dreister", erklärte er. „Von überall her erreichen uns Hiobsbotschaften. Auch in Europa soll es Einfälle der Wikinger geben. So hörte ich, dass der große Missionar Ansgar im Jahre des Unheils 845 aus Hamburg vertrieben worden sei und jetzt in Bremen wirke. Ich möchte dir nicht widersprechen, Vater Abt, aber allein auf den Beistand Gottes und seiner himmlischen Mutter können wir uns in diesen schweren Stunden nicht verlassen, wir müssen selbst etwas zu unserer Verteidigung tun, was mit Hilfe unseres Bruders Fursa ja auch geschehen ist und noch wird. Fursa ist ein erfahrener und erfolgreicher Wikinger-Häscher, seine Schutz- und Sicherungsmaßnahmen werden uns in Zukunft zugute kommen."

Beifälliges Gemurmel erhob sich unter den Mönchen. Fursa bekam einen roten Kopf und gab durch Gesten zu verstehen, dass Findbar schweigen möge. Doch nun fühlte sich Findbar erst recht aufgefordert, die Vorzüge des Mitbruders, der durch seine Vermittlung von Scattery Island nach Molana gekommen war, herauszustellen. Dem Abt wurde die Lobrede schließlich zu viel und er gebot Schweigen.

„Ich liege schon lange im Zwiespalt mit der Frage, ob die Angst vor den Wikingern uns nicht hemmt, unseren Pflichten ohne Einschränkungen nachzugehen", sagte Comgall. „Ich begrüße die Schutzmaßnahmen, die wir dem verdienstvollen Mitbruder Fursa verdanken, doch in erster Linie sollte unser Bestreben dahin gehen, das klösterliche Leben gemäß den Regeln unserer Gründer mit allen Kräften zu gestalten. Ich habe Zweifel, ob uns das uneingeschränkt gelingt, ob ihr mit ganzem Herzen bei Gott sein könnt – oder wie gelähmt bei den Gedanken an die Wikinger verharrt."

Unter den Mönchen entstand Unruhe. Einige Männer gaben unumwunden zu, dass sie die Wikinger fürchteten, andere zeigten Heldenmut und erinnerten sich an Zeiten, in denen sie selbst im Heer ihres Provinzkönigs oder Clanchefs gekämpft hatten, bevor sie den radikalen Schritt des Klostereintritts vollzogen hatten.

Aídan, der als einer der gelehrtesten unter den Mönchen galt, berichtete, dass die Nordmänner ja nicht nur Klöster überfielen, sondern sogar ganze Städte. So sei eine Vielzahl der Drachenkopfboote 845 die Seine hinaufgesegelt, um Paris anzugreifen. Doch der Kaiser von Rom und König des Westfränkischen Reiches, Karl der Kahle, habe ihnen 7000 Pfund Silber gezahlt und sie seien daraufhin tatsächlich abgezogen. Andere Wikinger seien über die Rhône tief in Frankreich eingedrungen, während Stammesgenossen im Osten die Wolga, den Dnjepr und den Dnjestr befuhren und bis zum Kaspischen Meer vordrangen.

„Klöster haben keine Gelder, die die Wikinger zum Abzug bewegen könnten“, meinte Fridolin. „Warum sollten sich die Wilden außerdem auf einen Handel einlassen, wenn sie mit ein paar Schwertstreichen oder Axthieben noch mehr und zudem umsonst bekommen können?“
Aídan machte darauf aufmerksam, dass eine Reihe gelehrter Mönche, die durch die Überfälle der Wikinger aus ihrer Heimat vertrieben worden waren, eben am Hof dieses Karls, der seinem Vater Ludwig dem Frommen nacheiferte, Unterschlupf gefunden hatten und in hohem Ansehen standen.
Entgegen der klösterlichen Disziplin redeten die Mönche aufgebracht durcheinander. Jeder versuchte seine Meinung kundzutun, Argumente mit Gegenargumenten zu entkräften, bis der Abt schließlich Ruhe Gebot.
„So kommen wir nicht weiter“, rief Comgall und klatschte in die Hände. „Es ist euer gutes Recht, euch eine Meinung zu bilden und die Konsequenz daraus zu ziehen. Angesichts der ungewissen Lage, in der sich Molana, aber auch viele andere Klöster befinden, und vieler Gespräche, die ich mit einzelnen von euch in den vergangenen Monaten geführt habe, kann ich auf dem Gebot der ‚stabilitas loci‘ nicht länger bestehen. Wer unsere Abtei aus den erwähnten Gründen verlassen möchte, der kann guten Gewissens gehen. Ich werde ihn nicht halten, obgleich jeder Verlust schmerzt. Doch gebe ich zu bedenken, dass wir diesen verwüsteten Ort mit vereinten Kräften und im Vertrauen auf Gottes Beistand und Schutz wieder aufgebaut haben. Ich persönlich fürchte mich nicht vor der Zukunft.“
„Ich auch nicht!“, rief Fursa.
„Ich ebenfalls nicht“, bestätigte Brenach.
Mugint verneinte ebenfalls, doch seine Stimme klang zögerlich. Niemand wollte seine Ängste öffentlich zeigen, und so blieb es bei einem einheitlichen Treuebekenntnis gegenüber der Abtei Molana und ihrem Abt Comgall.

An einem Spätnachmittag suchte der Fischer Brian das Kloster Molana auf. Er wohnte mit seiner Familie in der Nähe der Mündung des Blackwater-River in die See. Unter dem Arm trug er einige Pergamentstücke, die an den Rändern angesengt, aber offenbar dennoch gut zu entziffern waren.
„Ich habe diesen Fund am Strand gemacht“, erläuterte er. „Er schaute mit den Ecken unter einem Sandhaufen hervor. Ich hielt ihn zunächst für Abfall, doch dann, Verzeihung, merkte ich, dass es etwas Bedeutsames sein musste. Ich denke mir, es gehört euch, euch Klosterbewohnern.“
Bruder Cellach, der zufällig Pfortendienst hatte, bat den Fischer herein. „Das hast du gut gemacht, dass du mit dem Fund gleich zu uns gekommen bist. Ja, er wird aus unserem Klosterarchiv stammen. Doch das wird Vater Abt gewiss besser wissen. Gedulde dich einen Augenblick, bis ich ihn geholt habe. Dein Weg hierher war weit, und dein Dienst soll nicht unbelohnt bleiben.“
Bruder Cellach entfernte sich. Obgleich Abt Comgall den Novizen gerade einen Vortrag über das Leben der Mönchsväter in Ägypten hielt, wagte Cellach ihn zu stören. Auf dem Weg zur Pforte erläuterte er dem Klostervorsteher kurz, was sich ereignet hatte.
Comgall begrüßte den Fischer und ließ sich von ihm noch einmal den Hergang des Fundes erklären. Dann nahm er die Pergamentfragmente vorsichtig in die Hand. Einige Stellen waren durch das Feuer angesengt oder vom Küstensand in Mitleidenschaft gezogen worden. Je mehr sich der Abt in die Schriften vertiefte, umso unruhiger wurde er. „Mein Gott“, rief er schließlich, „ dies ist die vorsichtige Deutung der geheimnisvollen Himmelsscheibe, die zu unserem Klosterschatz gehört

und die…“ Er unterbrach sich, denn fast hätte er den abgelegenen Aufbewahrungsort dieser mysteriösen Kostbarkeit genannt. „Ich denke, dass die Wikinger diese Texte mit den kostbaren Büchern und Schriften aus dem Scriptorium geraubt und sie am Strand bei der Einschiffung verloren haben.“

Brian lächelte. „Verzeiht, ehrwürdiger Herr, aber wenn die Wikinger die Pergamente nur verloren hätten, wären sie von den Herbstwinden sicher auseinandergeweht und über den Strand verteilt worden. Auch die Regenschauer, die wir in letzter Zeit erlebt haben, hätten ihnen gewiss mehr zugesetzt. Doch die Schäden sind erträglich, wie ich bemerkt habe. Aber ich verstehe nichts von diesen Dingen. Ich hatte eher den Eindruck, dass sie den schrecklichen Kriegern zwar entfallen waren, dann jedoch versteckt worden sind – von wem, das weiß ich natürlich nicht.“

„Versteckt, meinst du?“ Der Abt blickte zu Brian auf. „Aber wer, wer sollte die Pergamente versteckt haben? Sicher niemand von den Wikingern.“

„Vielleicht jemand von ihnen, der sie später für sich beanspruchen und zu Geld machen will“, meinte Bruder Cellach.

„Das würde bedeuten, dass er zurückkäme, ja, dass ein weiterer Überfall auf Molana geplant wäre, und zwar in nicht allzu ferner Zeit. Denn mehr als ein Jahr würden die Schriftstücke in der rauen Natur nicht überdauern.“

Fischer Brian setzte zu einem Fluch an, doch brach er seine Verwünschung rechtzeitig ab, als er sich der frommen Umgebung vergewisserte, in der er sich befand.

Comgall trug Cellach auf, den Fischer für seine Entdeckung mit einer Silbermünze zu belohnen und ihm reichlich Proviant für den Rückweg zu geben. Dann vertiefte er sich näher in den Fund. Kein Zweifel, dies waren die Erklärungen der rätselhaften Himmelsscheibe, soweit man sie überhaupt erklären konnte. Denn noch gab sie ihr großes Geheimnis nicht preis. Nur eines war sicher: Sie musste uralt sein, älter als es sich mensch-

liche Vorstellungskraft denken konnte und in eine Zeit zurückreichen, die von anderen Erkenntnissen und Denkweisen geprägt war.
Nein, der Fund war gewiss kein Zufall. Und dass die Wikinger ihn vergessen haben könnten oder einer aus der Sippe ihn später zu Geld zu machen hoffte, war eher unwahrscheinlich. Es sei denn, er habe von der Bedeutung der Schrift gewusst und nach dem Schatz gesucht, den sie beschrieb. Doch wie hätte er bei der Schnelle und Brutalität des Überfalls diese Pergamente von anderen unterscheiden können?
Abt Comgall beschloss, sich mit Fursa zu beraten. Nicht was den Inhalt der Schrift betraf, sondern die Sicherheit der Himmelsscheibe. Vielleicht war ihr jetziger Aufbewahrungsort doch nicht der beste. Möglicherweise war den Wikingern ihre Existenz auch bekannt, oder es gab Gerüchte, Vermutungen, wo sie zu finden sei. Aber sicher war es besser, die Sache zu überschlafen und am nächsten Tag eine Entscheidung für die Vorgehensweise zu treffen. Nach den Vigilien blieb der Abt noch eine Weile in der Klosterkirche an seinem Platz. Er betete, dass ihm die richtige Lösung einfallen möge, und rief auch St. Máel Anfaid, den Klostergründer, an, damit er ihm beistehe. Erst nach Mitternacht erhob sich Comgall aus dem Chorgestühl und suchte seine Schlafstätte auf.

Tags darauf, nach dem Frühgottesdienst, zog er Fursa unbemerkt beiseite und lud ihn zu einem Spaziergang ein. Fursa wunderte sich, einen solchen Wunsch hatte ihm der Abt noch nie angetragen. Spaziergänge gehörten nicht zu seinen Gewohnheiten. Sie schritten schnell und schweigend aus dem noch im Frühdunst liegenden Klosterbereich auf den Wald zu.

„Ah, du wirst dich persönlich von unseren Sicherheitsmaßnahmen gegenüber den Wikingern überzeugen wollen, Vater Abt, ist es nicht so?“, unterbrach Fursa die Stille. „Ich kann dir erklären, was Brenach, Findbar und ich inzwischen unternommen haben.“

„Dazu ist jetzt keine Gelegenheit“, erwiderte der Abt. „Doch eine andere Geschichte brennt mir auf der Seele. Ich habe dir von unserem kostbaren Klosterschatz erzählt, von der ‚Collectio Canonum Hibernensis‘, der bedeutendsten kirchenrechtlichen Sammlung des frühen Mittelalters, die tief unter dem Scriptorium in einer Eisentruhe verwahrt wird und die den Feinden auf gar keinen Fall in die Hände fallen darf.“

„Das Versteck ist so gut wie unauffindbar“, entgegnete Fursa, „auf den Gedanken, unter dem Scriptorium den Boden aufzugraben, kommt niemand, nicht einmal eine Wikingerseele.“

„Du sagtest gerade ‚so gut wie‘“, hakte Comgall nach. „Das, guter Fursa, ist mir zu vage. Ich muss absolute Gewissheit haben, dass dem überaus kostbaren Manuskript nichts passiert.“

„Es wird ihm nichts geschehen“, sagte Fursa mit Nachdruck. „Es sei denn …“

„Was?“

„Nun, die Wikinger haben – falls es ihnen je gelänge, das Kloster noch einmal zu überfallen – ihre eigene Methoden, um durch Folter Aussagen zu erpressen, falls ihre Beute nicht dem gewünschten Maß entspricht. Diese Nordmänner sind nicht auf den Kopf gefallen und wissen inzwischen, dass die Klöster ihre wertvollsten Schätze verstecken. Das heißt: Je weniger Mönche von der Existenz des einzigartigen Manuskriptes wissen, umso weniger besteht die Möglichkeit, seinen Aufbewahrungsort freizupressen.“

Comgall überlegte eine Weile. „Meines Wissens hatten drei, höchstens vier unserer Mitbrüder Kenntnis von diesem Klosterschatz. Doch sie sind beim letzen Überfall der Wikinger

erschlagen worden. Jetzt sind Findbar, Brenach und du neben mir die einzigen Geheimnisträger."
„Dabei sollte es bleiben", nickte Fursa. „Doch wenn du dich nicht von unseren Sicherheitsvorkehrungen überzeugen willst, warum gehen wir jetzt in den Wald?"
„Geduld, mein Freund. Wir sind gleich am Ziel."
Abt Comgall steuerte eine mächtige Eiche an, die an einer auffallenden Stelle im Walde stand. Ihr Astwerk war knorrig und kräftig, das Blätterdach dicht wie ein Segeltuch.
Comgall blieb stehen und deutete auf den Baum. „Was fällt dir auf Anhieb ein, da du die Eiche zum ersten Mal siehst?", fragte er.
Fursa legte die Hand über die Augen, um sie genauer zu betrachten, und überlegte kurz. „Ein Treffpunkt, oder ein Orientierungspunkt, meine ich."
„Sehr richtig. Wenn man von diesem Baum neun Schritte nach rechts abschreitet, kommt man an eine kleine Höhle aus Stein. Sie ist von Buschwerk überrankt, und der Eingang ist mit einer bemoosten Platte verschlossen. Wer den Stein wegräumt, wird in der Tiefe auf eine Eisentruhe stoßen, die ebenfalls einen Schatz enthält."
Comgall blickte Fursa an, um auf die Reaktion des Mönches zu achten. Der Mönch pfiff durch die Zähne.
„Es handelt sich um einen bisher unentschlüsselten Gegenstand, eine Scheibe. Manche sagen: eine Himmelsscheibe."
Fursa nickte. „Du sagst ‚manche'. Also haben sich schon einige Menschen mit der Himmelsscheibe befasst und ihre Bedeutung doch nicht erkannt?"
„Ja, die, die ihr Geheimnis vergeblich zu entschlüsseln versucht haben. Sie muss für frühere, längst untergegangene Generationen von großer Bedeutung gewesen sein."
„Die Himmelsscheibe kann hier nicht bleiben", sagte Fursa schnell. „Dieser Ort ist zu auffällig. Wir müssen sie ebenfalls in das Versteck unter das Scriptorium bringen."

Der Abt griff nach dem Arm des Mönches. „Das darf niemals geschehen, hörst du? Die geheimnisvolle Kraft dieser Scheibe ist zu mächtig. Sie speichert wahrscheinlich in sich die Kraft und Erfahrung vergangener Jahrtausende. Sie würde das Gleichgewicht unserer christlichen Welt ins Wanken bringen."
Fursa sah den Abt überrascht an. Dabei machte er offensichtlich ein so irritiertes Gesicht, dass Comgall schmunzeln musste. „Du wirst die Zusammenhänge nicht gleich verstehen, so wie sie sich auch mir lange verschlossen und mich auch weiterhin im Unklaren lassen. Bisher ist niemand wirklich dem Geheimnis dieser Himmelsscheibe auf die Spur gekommen, sondern es gibt nur Vermutungen und Deutungen. Die Ergebnisse waren in einer Schrift dokumentiert, die in unserem Klosterarchiv aufbewahrt wurde. Diese Schrift haben die Wikinger geraubt, doch sie hat ihnen offenbar kein Glück gebracht." Dann berichtete Comgall kurz von Brians Fund am Strand.
„Ich glaube nicht, dass die Wikinger sie weggeworfen oder freiwillig zurückgelassen haben", ergänzte er. „Sie wird ihnen auch nicht entfallen sein, als sie ihre Beute auf die Schiffe luden. Es verdichtet sich vielmehr der Verdacht, dass sich die Dokumente, wie von geheimnisvoller Macht angetrieben – verselbstständigt haben."
„Verselbstständigt?" Fursa riss die Augen auf. „Du meinst, wie von Geisterhand?"
„Ja. Ich meine, dass diese wichtige Schrift, die das Geheimnis der Himmelsscheibe zu enträtseln sucht, wie von Geisterhand an einen Platz gelangte, an dem sie vor dem weiteren Zugriff der Wikinger sicher war. Irgendwer sollte sie finden und an uns zurückgeben – nur nicht an die Nordmänner."
Fursa kratzte sich am Kopf. Was der Abt da berichtete, grenzte an Zauberei. „Angenommen, du hast recht, hoher Herr, warum hat sie dann ausgerechnet ein einfacher Fischer gefunden und nicht ein Mönch, der den Fund eher hätte zuordnen können?"

„Auch dafür habe ich eine Theorie, mein Freund. Unsere Mönche halten sich im Mündungsgebiet des Blackwater-River so gut wie nie auf. Aber Fischer betreiben dort ihr tägliches Geschäft. Brian hat wohl instinktmäßig erfasst, dass die Pergamentbögen zu unserem Kloster gehörten und nicht zu dem näher gelegenen Youghal oder nach Lismore."

„Instinkt oder Lenkung, das ist hier die Frage", erwiderte Fursa nachdenklich. „Wenn ich dich so höre, möchte ich an Lenkung denken."

„Dieser Ansicht bin ich auch, Fursa. Du siehst, dass von der Himmelsscheibe noch immer eine nicht zu unterschätzende Kraft ausgeht."

„Du meinst, sie hat geheime Kräfte, die noch bis in unsere Zeit wirken?"

„So ist es. Und deshalb darf sie nicht in unserem Kloster untergebracht werden, denn ihre mystische Ausstrahlung ist eine andere als die christliche. Sie muss im Wald bleiben, wo sie seit etwa zwei Jahrhunderten ruht."

Aber wir müssen ihr ein anderes Versteck geben", rief der Mönch. „Die Höhle hier in der Nähe der auffälligen Eiche ist nach dem letzten Wikingerüberfall zu riskant."

„Da bin ich mit dir einer Meinung, und deshalb habe ich dich gebeten, mich auf diesem Waldspaziergang zu begleiten, damit wir überlegen, was zu tun ist. Doch ein Versprechen musst du mir geben: Dieses Gespräch muss unter uns bleiben, und auch alles, was wir im Hinblick auf die Himmelsscheibe unternehmen, geht niemanden außer uns beiden etwas an."

Fursa hob feierlich die Hand, und es sah aus wie ein Schwur.

Haithabu war die Stadt, von der alle sprachen. Sie war noch ein Kind, was das Alter und die Endlosigkeit der Geschichte anging, sie war der Traum vieler junger, unternehmenslustiger Wikinger. Hedeby sagten die Dänen zu ihr, Heidiba die Römer. Der Name Haithabu setzte sich aus den altnordischen Namen für Heide, und Hof zusammen. Sie lag an der Kreuzung zweier wichtiger Handelsrouten. In der Nähe führte der Ochsenweg vorbei, jahrhundertelang die entscheidende Süd-Nord-Verbindung von Hamburg bis Viborg in Jütland. In West-Ost-Richtung erstreckte sich eine bekannte Seehandelsroute zwischen Nord- und Ostsee. Sie bestand aus den Flüssen Eider, Treene, Rheider Au und Schlei. Es blieb nicht aus, dass eine Zeitlang die Schiffe von der Rheider Au zum Selker Noor über Land gezogen werden mussten, bis der Kograben südlich des Danewerks als Kanal für die Boote diente. Seine Lage an so wichtigen Handelswegen machte Haithabu zum begehrten, aufstrebenden Handelsplatz zwischen dem Fränkischen Reich und Skandinavien sowie zwischen Ost- und Nordsee. Manche Schiffe fuhren von hier bis Schweden oder sogar ins Byzantinische Reich.
Tyr schwärmte von Haithabu, seit sich die guten Nachrichten über diesen Ort häuften. Mehr als tausend Einwohner sollte er inzwischen haben, weil sich immer mehr Menschen dort ansiedelten. Als ihn seine Mutter Hallgrim ins Vertrauen gezogen und von einer neuen Zukunft weitab von der kleinen Wikingerinsel gesprochen hatte, auf der er bisher lebte und mehr oder weniger sein Leben fristete, war er zunächst höchst erschrocken gewesen. Mutter schickte ihn tatsächlich weg, weil sie ihre Ehe retten wollte? So etwas hatte es bei den Wikingern seines Wissens nie gegeben. Der Mann war der Herr, er bestimmte, er stellte die Regeln auf, nach denen sich alle zu richten hatten und die wieder auf uralter überlieferter Tradition fußten. Andererseits, das wusste er, setzten sich die Frauen immer mehr durch. Sie waren die Herrinnen des Hauses. Was

innerhalb der Holz- und Lehmhäuser geschah, bestimmten sie. Danach hatten sich auch die Männer – wenn auch widerwillig – zu richten. In jüngster Zeit kam es immer häufiger vor, dass sie mit den Entscheidungen der Männer nicht einverstanden waren. Andere hatten sich sogar verbündet, hatten aufgetrumpft, es kam zu lautstarkem Streit. Einige hatten sogar das Weite gesucht, sich mit anderen Männern zusammengetan und waren fortgezogen. Die Ehre der Männer stand auf dem Spiel …
Tyr wusste jedoch auch, dass er als ältester Sohn seines Vaters gegenüber der Großfamilie Verpflichtungen hatte und schon jetzt Verantwortung trug. Ganz undenkbar wäre es, einfach zu verschwinden. Sollte etwa Ottar, der zweitälteste Bruder, einmal die Hauswirtschaft übernehmen, die Traditionen der Familie weiterpflegen? Ottar genoss nach den Vorkommnissen wegen Brigid zweifelsohne die Gunst seines Vaters. Andererseits missbilligteTyr scharf das Ansinnen des Vaters, die junge Ginnlaug, wie er sie nannte, zum Weib zu nehmen und Mutter einfach beiseitezuschieben. Das kam in der Siedlung, auf der Insel, auch auf den Nachbarinseln zwar häufig vor und wurde auch nicht als verwerfliche Tat geahndet, doch der junge Tyr spürte, dass sich so etwas nicht gehörte! Er liebte seine Mutter, aber er liebte trotz aller Differenzen auch seinen Vater. Und vor allem – er liebte Brigid. Schon seit das verschüchterte Mädchen nach dem Raub von seinem Vater an Land gebracht worden war und er ihre Schönheit wahrgenommen hatte, konnten seine Blicke und Gedanken nicht mehr von ihr lassen. Ihre großen, braunen Augen, über denen sich zwei schmale Brauen wölbten, das Grübchen auf ihrem Kinn, das lange schwarze Haar, das sie manchmal zu einem Knoten zusammenband … Wie oft beobachtete er sie und suchte wie früher unter irgendeinem Vorwand ihre Nähe, um ein paar Worte mit ihr zu wechseln. Das alles tat er heimlich, damit ihn der eifersüchtige Vater nicht noch mal zu Boden schlug. Mit der Zeit beobachtete Tyr, dass auch Brigid die Augen aufschlug,

wenn er im Haus zugegen war, und ihm lächelnd mit ihren Blicken folgte. Doch Brigid blieb lange verstört. Sie weinte oft, das Schicksal, das ihr mit der ungewollten Hochzeit bevorstand, nahm ihr jeglichen Lebensmut. Doch wenn Tyr auftauchte, erhellten sich ihre Züge für wenige Augenblicke.
Verständlich, dass Tyr lange schwankte zwischen dem Ansinnen seiner Mutter und dem Gehorsam, den er seinem Vater schuldete. Doch der Gedanke, dass er mit und wegen Brigid fortsegeln sollte, bestärkte schließlich den Entschluss, dem Plan von Mutter Hallgrim zu folgen. Die Reisevorbereitungen wurden in aller Heimlichkeit getroffen, Proviant, Ausrüstungsgegenstände beiseitegeschafft und nachts in das Boot Ingolfs verladen. Brigid fieberte dem Tag entgegen, an dem sie endlich den Fesseln Agmundrs entkommen sollte. Doch dann kamen ihr wiederholt Bedenken. Konnte sie sich Tyr wirklich anvertrauen? Siegten am Ende nicht doch die Tradition, die Stammesehre, die Verpflichtung gegenüber der Dynastie, die auf Frauen wenig Rücksicht nahmen? Nein, nein und abermals nein, nach allem, was sie von Tyr wusste und wie er sich bisher ihr gegenüber verhalten hatte, waren diese Sorgen unbegründet. Sie dachte an manche heimliche Begegnung, an den Spaziergang am Strand, als sie Hand in Hand bei tosendem Wetter durch den feuchten Sand gegangen waren, als sie Tyrs Liebeserklärung gehört und seinen Mund auf ihren Lippen gespürt hatte. Zählte das nicht? Und sie? Ja, ja, sie liebte den jungen Wikinger ebenfalls, auch wenn er einem Seeräuberstamm angehörte …

Die Stunde kam, als Agmundr zum Thing, zur Versammlung der Stammesoberen, ritt. Er war nun mehre-

re Tage abwesend, und die nicht ungefährliche Reise über die Nordsee nach Süden konnte beginnen.
Der Sklave erwies sich als geschickter Helfer an Bord. Mal saß er auf der Ruderbank, mal setzte er das Segel oder ruderte mit Tyr im Takt, wenn das Boot in eine Flaute geriet. Dann musste Ginnlaug mit festem Griff das Boot in der vorausbestimmten Richtung halten, was nicht einfach war, weil Strömungen es leicht vom Kurs abtrieben. Die Fahrt verlief zunächst ohne Zwischenfälle. Solange das Wetter ruhig war, bestand keine Gefahr. Sie segelten in sicherem Abstand an der Küste entlang nach Süden, vom Ufer so weit entfernt, dass man sie nicht erkennen konnte, aber auch so nah, dass sie bei plötzlich aufkommendem Unwetter schnell eine rettende Bucht oder einen Sandstrand erreichen konnten. Tyr beobachtete den Himmel, die Form der Wolken, die Richtung des Windes und schloss daraus auf die Entwicklung des Wetters.
„Bis jetzt haben wir gute Fahrt gemacht“, sagte er eines Nachmittags. „Doch ich fürchte, dass wir über Nacht, spätestens morgen ein Unwetter bekommen werden. Wir sollten anlanden und einen sicheren Ankerplatz suchen.“ Der Sklave raffte das Segel. Er hieß Karl. Er stammte aus einer friesischen Siedlung und war als Kind auf einem der Beutezüge der Wikinger geraubt worden. Am Ende der Segelfahrt wurden ihm die Freiheit und die Rückkehr in die Heimat in Aussicht gestellt. Doch Karl war unschlüssig. Er wusste nicht mehr, wo er geboren war, und er hatte die längste Zeit seines Lebens bei den Nordmännern zugebracht. Die Hoffnung, in Haithabu eine eigene Existenz zu gründen, nährte jedoch seine Vorstellung von einem freien und geachteten Mann.
Es dämmerte, bald würde es fast dunkel sein. Sie steuerten eine Bucht an, der ein breiter Sandgürtel vorgelagert war. Offenbar war derzeit Ebbe. Normalerweise hätten sie das Boot mit vereinten Kräften an Land ziehen können, es war nicht sehr groß, doch wegen seiner Ladung nahmen sie drei Rund-

hölzer, die zur Ausrüstung gehörten, und schoben sie wechselweise unter den Kiel. Jetzt war es nicht schwer, das Boot vorwärts zu bewegen. In der Hektik des Landungsmanövers hatten die drei Seeleute die kleine Siedlung übersehen, die oberhalb des Strandes auf einem Felsen lag. Erst in der Dunkelheit bemerkten sie die Lichter in den Hütten. Sie wussten nicht, ob ihnen die Bevölkerung freundlich oder feindlich gesinnt war, und so beschlossen sie, sich ruhig zu verhalten, kein Feuer zu entzünden und abwechselnd zu wachen.

„Bald haben wir die Reise überstanden", meinte Tyr aufmunternd, als er Brigids ängstliches Gesicht sah. „Glaub mir, in Haithabu wird es uns gut gehen."

Brigid antwortete nicht, sie seufzte und zuckte die Schultern. Sie verstand ungefähr, was Tyr gesagt hatte, sie konnten sich jetzt in der Sprache der Wikinger auch schon einigermaßen verständigen, doch sah sie der Zeit in der fremden Stadt voller Zweifel und Ängsten entgegen. Was sollte sie dort? Warum konnten sie nicht weiterreisen, Richtung Irland? Der Gedanke, dass sie nun seine statt Agmundrs Frau werden könnte, beunruhigte Brigid. Einerseits fühlte sie sich zu ihm hingezogen, doch andererseits war sie sich ihrer Gefühle nicht sicher. Sie mochte Tyr, schätzte ihn, er behandelte sie rücksichtsvoll, ja ritterlich – doch mehr? Sie würde niemanden freiwillig heiraten, den sie nicht liebte. Ob Tyr sie zwingen würde? Ihr oberstes Ziel blieb, in die Heimat zurückzukehren. Die Sehnsucht nach der „grünen Insel" stärkte ihren Überlebenswillen. Sollte sich eine Gelegenheit bieten, auf ein Schiff zu flüchten und zu entkommen, würde sie auch Tyr im Stich lassen.

Tyr wusste offenbar über die neue Stadt mehr, als er Ginnlaug bisher davon erzählt hatte. Abends, nach dem Essen, das aus getrocknetem Fisch und geröstetem Gerstebrot bestand, malte er ihr die Zukunft in schillernden Farben aus, während Karl Wache schob. Sie hatten das Segel eingezogen und wie ein

Zeltdach über das Boot gebreitet. So saßen sie im Rumpf geschützt im Trockenen.
„In Haithabu, Brigid, wirst du auf fromme Männer und Frauen treffen“, erläuterte Tyr. „Denn dort gibt es Christen. Ich habe gehört, dass ein gewisser Ansgar, der Erzbischof von Hamburg war, dort eine Kirche gebaut hat, in der die Menschen beten.“
Als Brigid das hörte, begann ihr Herz zu jubeln. Fromme Menschen – da konnten auch Landsleute nicht weit sein! Doch sie unterdrückte einen Ausbruch der Freude und stellte sich gleichgültig.
„Wir Wikinger betreten kein Haus, um zu Odin zu beten“, erklärte Tyr. „Wir bleiben unter freiem Himmel. Aber du kannst gern dorthin gehen, wo du deinen Gott triffst.“
Das Dunkel am Horizont ihres Lebens schien sich zu lichten. Brigid war dankbar für Tyrs Worte, zugleich aber auch für seine spürbare Anteilnahme. Er war ganz anders als sein Vater, der besitzergreifend und draufgängerisch war. Und zugleich bewunderte sie Hallgrim, die um diesen Mann kämpfte.

Als der Konvent zur Ruhe gegangen war, breitete Abt Comgall die Pergamentfragmente, die der Fischer Brian gerettet und dem Kloster überbracht hatte, auf seinem Schreibtisch aus. Der von Fachnan Mongach kommentierte Text bezog sich auf eine Zeichensprache, die an einigen Stellen eine Deutung zuließ, dann aber wieder Rätsel aufgab. Dank der koptischen Mönche, die vor Zeiten von Ägypten nach Irland gekommen waren und von denen einige auch Molana einen Besuch abgestattet hatten, wusste man, dass die alten Ägypter so genannte Hieroglyphen verwendet hatten, um Nachrichten

und Botschaften zu verewigen. Viele Pharaonen hatten ihre Lebens- und Heldentaten auf Wände, Säulen und Obelisken meißeln lassen und sich dieser Bildzeichen bedient. Diesem Bildprogramm ähnelte stellenweise auch der Ursprungstext der Beschreibung der Himmelsscheibe, doch dann hatten sich der oder die Verfasser oder Schreiber wieder anderer Schriftzeichen bedient, die eine entfernte Ähnlichkeit mit Runen besaßen. Oder sollten gar Abweichungen der Oghamschrift hier zu Tage treten? Nein, gegenüber dem Erfurcht gebietenden Alter der Himmelsscheibe war dieser Schrifttyp noch jung.
Eines stand fest: Das Dokument, das nun vor Comgall lag, war vielleicht vor zwei-, dreihundert Jahrhunderten entstanden und damit wesentlich jünger als die Himmelsscheibe selbst, die sicher noch mehrere tausend Jahre älter war. Wahrscheinlich hatten auch frühere Zeitalter, in denen die Schrift als Verständigungsmittel aufkam, versucht, hinter das Geheimnis dieses Schatzes zu kommen und es durch Zeichen, Bilder und Buchstaben zu verdeutlichen. So hatte zum Glück auch Fachnan Mongach, einer der frühen Vorgänger Abt Comgalls, seine eigenen Schlüsse aus dem Dokument gezogen, nachdem er die Unterlagen lange und präzise studiert hatte. Sicherlich stimmte nur ein Teil dessen, was er zu Papier gebracht hatte, mit der Wirklichkeit überein. Doch auch aus Thesen und Vermutungen ließen sich Hinweise auf die Bedeutung und den Nutzen der Himmelsscheibe ableiten.
Danach bestand kein Zweifel, dass sie einmal als Mond- und Sonnenkalender gedient hatte. Wem, blieb ein Rätsel. Gewiss einem der vorgeschichtlichen Völker, von denen man nicht wusste, wo genau sie gelebt hatten und wie sie zu den Erkenntnissen über den Kosmos gelangt waren. Die Schriftzeilen waren von bunten Bildern unterbrochen, und diese Abbildungen im Text deuteten auf den astronomischen Gebrauch hin und würden auch durch das Original, das offenbar seit Jahrhunderten niemand hatte anrühren wollen, bestätigt wer-

den. Warum nicht? Auch Comgall wies den Gedanken weit von sich, die Scheibe einmal aus ihrer schreinähnlichen Hülle zu nehmen, die sie seit langer Zeit umgab. Er fürchtete magische Kräfte, die dabei freigesetzt werden und schaden könnten. Vielleicht traf den Frevler auch ein Fluch – die Geschichte wusste von Bestrafungen bei unerlaubtem Zugriff, und vielleicht stand eine solche Katastrophe auch mit der Himmelsscheibe im Zusammenhang, von der jetzt jedoch niemand mehr wusste.

Die Zeichnungen auf den Pergamentbögen informierten präzise über das Aussehen und die ursprüngliche Beschaffenheit des Schatzes. Er bestand aus Bronze, einer Verschmelzung von Kupfer und Zinn, und trug Applikationen aus Gold und Symbole religiöser Herkunft. Die Scheibe war sicherlich mehrfach bearbeitet worden, um ihre Festigkeit zu erhöhen, und des Öfteren erhitzt, um Spannungsrisse zu vermeiden oder zu beseitigen. Dass sie dabei ihre Ursprungsfarbe verlor und sich tiefbraun bis schwarz verfärbte, war einzig auf die Bearbeitungsphasen zurückzuführen. Umso stärker hoben sich – nach den Zeichnungen und Erläuterungen im Dokument – die Applikationen aus unlegiertem Goldblech hervor, die in Einlegetechnik sorgfältig in die Scheibe eingearbeitet worden waren. Dort war ein Mond in voller Gestalt zu sehen – doch könnte es nicht auch die alles Leben fördernde Sonne sein? – und daneben ein Halbmond im Zustand des Wachstums. Die goldenen Punkte symbolisierten gewiss die Sterne, doch welche, das hatte Fachnan Mongach mit einem Fragezeichen versehen. Doch muss er wohl astronomische Kenntnisse gehabt und seine Himmelsbeobachtungen in die Analyse eingearbeitet haben, sonst wäre er nicht auf den Sternenhaufen der Plejaden gestoßen, die zum Sternbild des Stiers gehören. Die anderen goldenen Punkte auf der Scheibe mochten Sterne symbolisieren, die eher schmückendes Beiwerk waren, denn Fachnan Mongach hatte sie nicht näher zuordnen können. Zwei Horizontbögen an den Rändern konnten Sonnenauf- und -unter-

gang markieren, ein weiterer, schmälerer darunter stellte möglicherweise die Sonnenbarke dar.
Leider schien die Scheibe sich nach seiner Beschreibung im Laufe der Zeit in einem oxydierenden Zustand zu befinden. Sie musste Grünspan angesetzt haben, der die ursprünglich goldenen Sternenpunkte verdunkelt hatte. Jedenfalls hatte Abt Fachnan Mongach diese Vermutung in seinen Aufzeichnungen vermerkt. Hoffentlich war sie nicht schon in den Zustand der Selbstauflösung übergegangen.
Wie man die Himmelsscheibe nutzte, wusste Fachnan Mongach nicht, und auch er, Comgall, würde ihren Gebrauch nicht entschlüsseln können, denn er würde sie niemals in die Hand nehmen, um sie genauer zu untersuchen. Der Respekt vor dem Glauben und der Weltanschauung der Vorzeit verbot neben der Angst vor unerwarteten Zwischenfällen den Zugriff. Doch ahnte er wie sein rühriger Vorgänger wohl, dass die Scheibe zur Bestimmung der Sommer- und Wintersonnenwende herangezogen wurde und dass man mit ihrer Hilfe wohl auch Frühlings- und Herbstanfang bestimmen konnte. Die Scheibe hatte zweifellos kultischen Zwecken gedient. Die Vermutung lag nahe, denn in nicht allzu ferner Vorzeit war den keltischen Druiden die gleiche Aufgabe zugefallen, der Bevölkerung aus dem Stand von Mond und Sternen die günstigen Zeiten für Aussaat und Ernte zu bestimmen, Ja, selbst manche Katastrophen waren am Himmel ablesbar. Ob die Himmelsscheibe schon aus ägyptischer oder minoischer Zeit stammte und den Kelten aus welchen Gründen auch immer zur Aufbewahrung anvertraut worden war? Die Sonnenbarke kam ja eindeutig aus der ägyptischen Mythologie und spielte dort eine beachtliche Rolle…
Vielleicht enthielt die Bronzescheibe auch eine heilige Botschaft, die vermittelnd zwischen den Völkern dienen sollte und die auf Geheiß einer universellen Schöpfungskraft in Auftrag gegeben worden war? Möglicherweise hatte der Schöpfer

der Scheibe einzelne, auch in anderen Religionen gebräuchliche Symbole zusammengefügt, um ein allumfassendes Glaubenssystem zu schaffen? Die Welt der Spekulationen war groß, doch die Wahrheit musste auf schmalem Raum Platz finden.
Wichtig war vorerst, der Himmelsscheibe einen neuen Aufenthaltsraum zu verschaffen. Fursa hatte einen Ort in der Nähe der Mühle im Blick. Die Mühle gehörte zwar zum Kloster, doch lag sie außerhalb seiner Umfriedung. So konnte Comgalls Vorgabe, sie nicht innerhalb des Klosterbereichs einzugraben, entsprochen werden. Der Abt hatte zunächst vorgeschlagen, sie in einiger Entfernung vom Blackwater-River, dort, wo der Bauer Fitbrain seinen bescheidenen Besitz bewirtschaftete, unterzubringen, doch davon hatte Fursa abgeraten. Wenn der kostbare Schatz schon nicht innerhalb der gesicherten Klostermauern seinen Platz finden durfte, sollte sein Versteck im Notfall doch innerhalb einer halben Stunde erreichbar sein. Am Ende fiel ihre Entscheidung für eine abgelegene, auf dem Wege nach Tallow gelegene Waldhütte, in der außer ein paar verrosteten Ackergeräten nur ein paar Bretter zu finden waren. Der Ort war unauffällig, der Lehmboden leicht auszuheben und zu verschließen. Hierher verirrte sich keine Seele.
Für die Übertragung wählten sie eine der mondhellen Nächte im Juni. Die Luft war lau, auf den Wiesen stand das Gras kniehoch, in den Bäumen gurrten schlaftrunken die Tauben. Fursa grub die Eisentruhe mit der Himmelsscheibe aus, der Abt nahm sie ehrfürchtig entgegen. Zugleich entdeckten sie jedoch auch zwei Schwerter, die kreuzweise über der Truhe lagen. Sollten sie den heiligen Schatz schützen? Vielleicht waren sie Grabbeigaben, wie sie bei alten Völkern landläufig üblich waren. Comgall und Fursa machten sich jetzt keine Gedanken darüber. Für den Transport hatten sie eine Tragevorrichtung gewählt, die man zu zweit tragen konnte. So verteilte sich das Gewicht des schweren Eisenbehälters. Während Comgall Wache hielt, versenkte Fursa den Schatz im Erdboden der Hütte, legte

noch ein Brett darüber und bedeckte ihn mit einer dicken Erdschicht.
„Hoffen wir, dass wir das Richtige getan und für alle Zeiten ein sicheres Versteck ausgewählt haben“, seufzte der Abt.
„Hier wird der Himmelsscheibe nichts geschehen“, versicherte Fursa. „Sie hat eine lange Zeit ihren Frieden gehabt, sie soll ihn auch weiter haben.“ Der Abt wunderte sich, dass der Mönch von ihr sprach, als handele es sich um etwas Lebendiges.

Ein neues Jahr ging derweil ins Land, Molana blühte weiter auf und dehnte sich aus, es kamen immer mehr junge Männer, die sich für das Mönchsleben entschieden hatten. Die Zahl wuchs auf achtundvierzig, und es war abzusehen, dass auch die fünfzig bald erreicht sein würde. Abt Comgall hatte für diesen Tag ein Jubiläumsfest angekündigt. Es würde voraussichtlich in den Spätherbst fallen. Wenn der Klosterobere die Gebäude der Abtei in Augenschein nahm, so hörte er in den Werkräumen ein eifriges Hämmern und Sägen, Feilen und Klopfen. Die Drechsler und Dreher, die Bäcker und Köche, die Schuster und Schmiede, die Tischler und Korbmacher hatten vollauf zu tun. Mancher tat seine Arbeit still, murmelte vielleicht ein Gebet, während ein anderer Mönch fromme Lieder sang, vor sich hin pfiff oder fröhlich mit dem Nachbarn schwatzte.
Zu den Gebetszeiten verstummten die Geräusche, die Gemeinschaft fand sich nach dem Händewaschen und Kleidersäubern in der Kirche ein, um Gott zu lobpreisen, um dann wieder seelisch gestärkt an die Arbeit oder zu Tisch zu gehen, wo Lesungen aus den Schriften der Väter oder aus den Evan-

gelien als geistige Kost die oft kargen Mahlzeiten begleiteten. Fisch gab es häufig, Fleisch selten, zum Beispiel an Hochfesten, oder nur, wenn ein bedeutender Gast im Hause weilte. Die Speisen bestanden aus Schwarzwurzeln, Gemüse, Obst und Beeren, aus Pilzen und Blättern, Salaten und Käse. Bruder Goban verstand es, aus Brennnesseln eine ausgezeichnete sahnige Suppe zu zaubern. Gelegentlich gab es Bier aus der klostereigenen Braustätte. Üppiges Essen galt als sündhaft, doch auch übermäßiges Fasten, wie es in anderen Klöstern Brauch war, wurde nicht gern gesehen, seit die Reformbewegung der Célí Dé, die Fer-dá-chrích als Abt des Klosters Molana mit ins Leben gerufen hatte, diese Form der Selbstabtötung als Ursache ungewollten Stolzes entlarvt hatte.
Fursa und Brenach hatten sich freiwillig für den Dienst im Stall und auf den Weiden gemeldet, nicht weil ihnen der Umgang mit Tieren besonders lag, sondern weil sie beim Zaunflicken und Melken der Kühe von der Uferhöhe aus den unteren Lauf des Blackwater-Rivers überblicken und die Bewegungen der Schiffe im Auge behalten konnten. Fursa wusste aus seinen Beobachtungen in Scattery Island, dass die Wikinger auf ihren Fahrten die Nächte an Land verbrachten. Für gewöhnlich segelten sie dicht an den Küsten entlang und suchten sich einen Ankerplatz. Hatten sie einen sicheren Unterschlupf gefunden, so zogen sie die Boote auf den Ufersand. Auf hoher See wickelten sie sich des Nachts in Säcke aus Fell. Manchmal übernachteten zwei Personen in einem Sack, um sich gegenseitig zu wärmen. Tagsüber diente der Sack zum Aufbewahren der Waffen. Größere Kriegsschiffe führten statt der Säcke Seekisten mit, sie dienten zugleich als Ruderbänke.
Ging der Tag zur Neige, so hielten Fursa und Brenach besonders Ausschau nach Feuern in Ufernähe. Denn beim abendlichen Landgang pflegten die Wikinger ein warmes Essen zuzubereiten. Sie stellten einen zerlegbaren Dreifuß auf, an den sie einen großen Kessel hängten, und kochten Grütze, Brei, Fisch oder Fleisch.

Die beiden Mönche wussten, dass Unaufmerksamkeit bis Leichtsinn die Hauptursache für gefährliche Überfälle war. Wenn sich die kleine Klosterwelt in Sicherheit wog, drohte ihr die größte Gefahr. Es hatte den Anschein, als sei die gebotene Vorsicht in Vergessenheit geraten, denn das monastische Leben verlief sorglos und unbeschwert. Die früher oft geäußerte Angst vor den Wikingern schien fast vergessen. Der Abt, dem die besorgten beiden Mönche ihre Beobachtung erläuterten, nahm ihre Einschätzung der Lage wohl zur Kenntnis, wollte sie jedoch nicht teilen. Seine frühere Vermutung, die Mönche würden aus Furcht vor Überfällen nur halbherzig am Klosterleben teilhaben, bestätigte sich nicht, im Gegenteil, Comgall nahm überall eine zu Herzen gehende Begeisterung wahr. Eine solche Begeisterung hatte sich Máel Anfaid, der Gründungsvater der Abtei, im 6. Jahrhundert wohl ebenfalls gewünscht.

In der im Klosteralltag vorgesehenen Stunde der Rekreation zwischen Abendmahlzeit und Komplet, wenn die Stunden des Schweigens unterbrochen wurden und die Mönche miteinander auch über nichtige Belange reden durften, kam es oft zu erheiternden Gesprächen. Abt Comgall zog sich in dieser Stunde meist in seine Zelle zurück, damit die Mitbrüder sich nicht beobachtet oder belauscht vorkamen und sie sich ungezwungen austauschen konnten. Jeder hatte ja seine Geschichte, und alle waren aus unterschiedlichen Gründen in das Kloster eingetreten. Aídan gab zu, den häuslichen Querelen aus dem Wege gegangen zu sein, die unter seinen Geschwistern um das nicht unbeträchtliche Erbe herrschten und denen sein unentschlossener Vater nicht Einhalt gebieten konnte. Goban hatte nach dem Tod beider Elternteile keine andere Lösung gewusst, als sich der Gemeinschaft der Mönche einzu-

gliedern, denn er hatte abseits jeder menschlichen Siedlung in einer Fischerhütte im Walde gelebt. Conlaed war Schafhirte gewesen und einmal von einem schrecklichen Gewitter überrascht worden. Im Schein der grell um ihn zuckenden Blitze und im Bersten der Wolken hatte er das Gelübde gemacht, in ein Kloster einzutreten, falls Gott ihn aus dem Unwetter unbeschadet entkommen lasse. Später, beim Beginn des Noviziates, hatte der Abt ihm allerdings klar gemacht, dass ein unter äußerem Zwang entstandenes Versprechen nicht bindend sei. Er könne gehen, wenn es ihm beliebe. Doch Conlaed hatte die freundliche Aufnahme als Bestätigung dafür genommen, dass der eingeschlagene Weg der richtige sei. Von Dabhéog wusste man, dass er aus dem Norden, vom Lough Derg in Mayo stammte und einen beschwerlichen Weg in verschiedenen Berufen hinter sich gebracht hatte, bevor ihm Molana Heimat geworden war.
Im Laufe der Zeit hatte es sich jedoch gezeigt, dass das klösterliche Leben für keinen der Männer eine Notlösung war oder blieb, sondern dass sie sich alle im neuen Umfeld wohlfühlten, weil sowohl der Novizenmeister, Colman Éla, als auch Comgalls unmittelbarer Vorgänger Abt Molaisse es verstanden hatten, ihnen den Sinn eines gemeinschaftlichen christlichen Lebens zu erschließen.
In einer der abendlichen Erholungsstunden berichtete auch Moluag, der sich bisher gern zurückgehalten hatte, von seiner Berufung. „Ich wäre gern Dichter geworden“, erzählte er, „doch dann habe ich mich für den Beruf des Kochs entschieden.“
„Dichter? Herr des Himmels!“, rief Macartan und bekam einen gehörigen Schreck, denn er wusste, welchen angesehenen Ruf große Dichter im Lande genossen.
„Die körperliche Nahrung erschien dir am Ende also erstrebenswerter als die geistige?“, frotzelte Ailbe. Das gedämpfte Gelächter der Mitbrüder forderte Moluag zu weiteren Erklärungen heraus.

„Ich hatte nur ein Ziel im Sinn, nämlich, ich wollte einmal das Sagen haben. Ein Dichter, ein filí, genießt so viel Ansehen und steht in einem so hohen Rang, dass er mit dem König am Tisch sitzen darf!"
„Jetzt übertreibst du aber", lautete das einstimmige Urteil der Mönche. „Du bist ja kein bisschen eingebildet", ergänzte Fridolin.
„Wenn ich deinen runden Bauch betrachte, Moluag, steckt deine Weisheit wohl einige Zoll tiefer als dort, wo man sie gemeinhin vermutet", rief Samthann.
Moluag brauste auf und wollte sich auf Samthann stürzen, doch Goban drückte ihn auf den Stuhl zurück.
„Ihr stellt meine mitbrüderliche Liebe ganz schön auf die Probe", maulte Moluag.
„Wenn ich das Zeug dazu hätte, wäre ich gern ein Druide geworden", nickte Munchin. „So hat es nur zum Schönschreiben gelangt."
„Lass das nicht den Vater Abt hören!", rief Eoghan. „Die Zeit der Druiden ist vorbei – oder sie wirken im Verborgenen."
„Nun, sie standen uns an Frömmigkeit nicht nach", bestätigte Brenach, der sich an diesem Abend mit Reden zurückhielt, obgleich er sonst immer viel zu sagen wusste.
„Wisst ihr, der sympathischste Druide, den ich aus der irischen Mythologie kenne, war Cathbad – er hätte mein Vorbild sein können", sagte Munchin.
„Nie gehört!", riefen einige Mönche.
„Er war Ratgeber des Königs Conchobhar Mac Nessa von Ulster im Zyklus vom Roten Zweig."
„Conchob… – ist das nicht der …"
„Der, der mit einer Speerspitze im Kopf lebte, jawohl, die er sich in einem Kampf eingefangen hatte."
„Was ist mit diesem Mann?", fragte Findbar.
„Also, der König wollte einmal in einer Versammlung sprechen, doch er durfte nicht reden, bevor der Druide gesprochen

hatte. Cathbad aber sagte nichts. So entstand eine große Stille. Man hätte eine Nadel fallen hören können. Schließlich fragte der Druide: ‚Was ist, o König?' Da schließlich war der Bann gebrochen und Conchobhar Mac Nessa konnte mit seiner Rede beginnen." Munchin blickte in die Runde, als erwarte er Anerkennung für sein Wissen.

„Wenn wir diese Methode hier einführten, dürfte der Abt nicht vor dir sprechen!", kicherte Ronan.

„Was ist mit der Speerspitze? Spann uns nicht auf die Folter!", rief einer der Mönche.

„Es war am Karfreitag, als unser Herr am Kreuz starb. Der König sah, wie sich der Himmel in der Todesstunde Christi verdunkelte, und er fragte den Druiden, was diese Erscheinung bedeute. Und der Druide antwortete: In dieser Stunde wird der Sohn Gottes ans Kreuz geschlagen. Darüber erboste sich Conchobhar Mac Nessa so sehr, dass die Wunde in seinem Kopf aufbrach und er starb."

Einen Augenblick trat Stille ein. Die Glocke läutete zur Komplet.

„Woher wusste der Druide, was geschehen war?", fragte Macartan.

„Er hatte eine Vision. Die Druiden waren ja auch nicht Zeugen der Geburt Jesu wie die Hirten, und sie wussten doch, was in Bethlehem und Jerusalem geschah."

Die Mönche erhoben sich. Vor dem Kreuzgang stellten sie sich in Zweierreihen auf und gingen dann, die Kapuzen über dem gesenkten Kopf und die Arme in den Ärmeln des Habits vergraben, schweigend in die im Dämmer liegende Klosterkirche. Munchin war beim Chorgesang nicht ganz bei der Sache. Zweimal verpasste er den Einsatz, weshalb ihn der Abt strafend ansah, doch der Mönch bemerkte es nicht. Er dachte an Cathbad und seine Genossen. Waren Druiden nun Zauberer, die Unwetter herbei- und Menschen verwünschen konnten, oder waren es kluge Ratgeber, fromme Männer, Traumdeuter,

Heiler und Gelehrte? Neun Druiden sollen dem hl. Patrick nach dem Leben getrachtet haben, Anstifter sei ein gewisser Amalgaid gewesen, der Sohn des Fiachra-Ealgach. Doch zwei andere Druiden, Boand und Ono aus Corchachlann bei Roscommon, überließen dem Heiligen ihr Haus Imleach Ono, aus dem die religiöse Stiftung Ailfinn – weißer Stern – hervorging.

Wie lange lebten Tyr und Brigid jetzt schon in Haithabu? Ein halbes, ein volles Jahr? Oder mehr? Sie hatten die Tage und Monate nicht gezählt, denn die Zeit war seit ihrer Ankunft wie im Flug vergangen. Wohnungs- und Arbeitssuche waren für Tyr nicht einfach gewesen. Er kannte niemanden in der aufstrebenden Stadt und besaß keine Referenzen. Aus seinem Stamm gab es nur wenige Neusiedler hier. Die meisten Wikinger gehörten anderen Clans und Völkern an, die sich oftmals nicht grün waren, sich misstrauisch beäugten oder sich gar feindselig begegneten. Zunächst half Tyr bei den Schachtarbeiten zur Befestigung der Stadt. Dort brauchte man fleißige Hände. Es wurden Gräben ausgehoben und Wälle aufgeschüttet. Der neue Wall sollte neun Meter hoch werden. Eine Palisade würde zusätzlichen Schutz bieten. Brigid verdingte sich als Magd, half zunächst vertretungsweise in einem vornehmen Hause in Küche, Keller und Garten und schließlich in einer Schankwirtschaft, wo täglich viele Seeleute einkehrten und immer genug zu tun war. Tyr war mit dieser Tätigkeit nicht einverstanden, denn hier verkehrten auch Schiffer, die nach Irland segelten, und er fürchtete, dass Brigid sich ihnen vor lauter Heimweh anschloss. Andererseits ... war die Liebe, die zwischen ihnen gewachsen war, nicht doch ein stärkeres Band als alles Heimweh? Seit sie sich vertrauter geworden

waren, achtete Tyr darauf, dass niemand Brigid zu nahe kam und sie belästigte, was bei den rauen Gesellen, die nach mehrmonatigen Aufenthalten auf den Meeren wie Heuschrecken in Haithabu einfielen, fast an der Tagesordnung war. So oft es seine Zeit erlaubte, verbrachte er als aufmerksamer Beschützer nach Feierabend mehrere Stunden in der Schänke, in der Brigid Dienst tat. Und immer wieder einmal fuhr seine Hand zum Dolch, um einen zudringlichen Matrosen abzuwehren. Wie froh war er, wenn Brigid nach Kneipenschluss schließlich abgeräumt hatte und sie müde nach Hause gehen durften. Die Arbeit war für beide jungen Leute hart, doch es fiel manche Kupfermünze Trinkgeld ab, das sie für den noch kargen Hausstand dringend benötigten.
Sie bewohnten gegen eine Gebühr, die sie an die Stadtverwaltung zu entrichten hatten, eines der kleinen neuartigen Domizile gleich hinter der Stadtmauer, die sich von der alten Bauweise wikingischer Siedlungen und Langhäuser unterschieden, aber auch entsprechend begehrt waren. Es war ihnen klar, dass der augenblickliche Zustand nur vorübergehend sein konnte, bis sie eine kleine Wohnung gefunden hatten, die ihren Vorstellungen entsprach.
Tyr, früher ein ungezähmter, leicht aufbrausender junger Mann, war als Angehöriger des Adels an keine schweren Arbeiten gewöhnt, sondern hatte in erster Linie das Kriegshandwerk gelernt. An mehreren von seinem Vater Agmundr befehligten Beutezügen hatte er bereits teilgenommen. Es gab für einen Wikingerpatron nichts Verächtlicheres, als wenn einer seiner Söhne bei der Mutter am heimischen Herd blieb, gleichsam ein „Aschenhocker“ wurde und die Kämpfe draußen in der Welt scheute. Doch jetzt, da er auf Wunsch seiner Mutter Hallgrim von zu Hause weggezogen war und Ottar aller Voraussicht nach seine Stelle als zukünftiger Stammesführer und Erbe anstreben würde, musste Tyr sich nach einem neuen Beruf umsehen. Dazu gehörte auch, seinen wilden Charakter zu zügeln. Vor

allem in Brigids Gegenwart benahm er sich zurückhaltend, als sei alles Ungestüme und Aufbrausende mit der Zeit von ihm gewichen.
So fügte sich Tyr in Haithabu in sein Schicksal. Aber auch Brigid fügte sich, nicht zuletzt, weil Hallgrim ihr diesen Weg geebnet hatte. Nein, sie würde sich nicht heimlich auf einem der Schiffe, die die „grüne Insel" ansteuerten, davonmachen und Tyr im Stich lassen. Ihre Beziehung war inzwischen ein unzerreißbares Band. Sie konnten sich aufeinander verlassen. Das bedeutete viel. Geld besaß Tyr kaum noch. Die Silbermünzen, die ihm die Mutter beim Abschied in einem kleinen Ledersäckchen überreicht hatte, waren bis auf einen kleinen Rest aufgebraucht.
Brigid war von Hause aus nicht mit Reichtümern gesegnet gewesen und konnte sich bescheiden. Die kleine Bauernwirtschaft mit einem Pferd, einer Kuh, zwei Schafen und einer Ziege hatten für ihre Eltern, ihre Schwester und sie gerade so viel abgeworfen, dass sie davon leben konnten, ohne Hunger zu leiden. Doch dann hatte der schreckliche Wikingerüberfall die kleine Familie zerstört. Manchmal schrie Brigid noch jetzt nachts im Traum auf, wenn die Bilder des Grauens wieder vor ihr aufstanden. Und nun liebte sie ausgerechnet einen Wikinger, der dem Stamm angehörte, der das Unheil über ihre Heimat am Blackwater-River gebracht hatte ... Tyr versuchte verständnisvoll, die dunklen Bilder aus ihrem Gedächtnis zu tilgen, indem er sich besonders zuvorkommend und aufmerksam anstellte. Nicht alle Wikinger, so wollte er ihr zeigen, gehörten zu den wilden Horden und rauen Gesellen, vor denen Menschen sich fürchten mussten.
Eines Tages kam Tyr lachend und winkend nach Hause. Er schwenkte ein Dokument in den Händen und nahm gleich zwei Stufen der Treppe auf einmal.
„Was ist denn mit dir, dass du so ausgelassen bist? Hast du gute Nachrichten?", rief Brigid und eilte ihm entgegen. Wenn Tyr

seine Brigid so vor sich sah, mit dem dicken, zu einem hüftlangen Zopf geflochtenen braunen Haar, den graugrünen Augen, dem vollen Mund und dem Grübchen im Kinn, dann konnte er nicht anders als sie an sich ziehen. Sie war einen Kopf kleiner als er. Er drückte seine Nase in das gescheitelte wohlriechende Haar und sog seinen Duft ein. Nun hielt er alles Glück der Welt in seinen Armen. Von Hochzeit und Eheglück wagte er noch nicht zu sprechen. Die Wunde der Entführung war noch nicht vernarbt, und die alte Heimat Irland blieb bei aller Liebe zueinander die stille Sehnsucht der jungen Frau.

„Ich habe hier die Lizenz, ein Kontor zu eröffnen, ein Handelsgeschäft.“ Tyr legte das Pergament feierlich auf den Tisch.

„Mein Gott“, rief Brigid erschrocken, „was für ein Geschäft – ein Handels…“

„Ja, ein Handelsgeschäft! Ich habe einen wohlhabenden Kaufmann kennengelernt, der einen verlässlichen Partner in Haithabu sucht. Er handelt mit Tonwaren, mit Geschirr. Das ist die Handelsware der Zukunft!“

„Und du bist dir ganz sicher, dass dies der richtige Weg ist?“, fragte Brigid. Angst dämpfte ihre Stimme.

„Ich habe ein gutes Gefühl, denn der Mann hat einen vortrefflichen Eindruck auf mich gemacht. Seine Waren sind in Norwegen, Schweden, im Baltikum und in Konstantinopel verbreitet, sogar in Bagdad und – stell dir vor – in Irland!“

„Irland!“

„Ja, Brigid, auch in Irland!“

„Schön, dass du mich Brigid nennst und nicht Ginnlaug“, flüsterte die junge Frau dankbar und lehnte ihren Kopf an Tyrs Schulter.

„Vielleicht sollten wir eines Tages tatsächlich nach Irland reisen – wenn meine Handelsgeschäfte sich entsprechend entwickeln.“

„Ja, das wäre wundervoll.“

„Aber dann wirst du dort bleiben wollen, oder?“ In Tyrs Stimme lag ein Anflug von Angst und Unsicherheit.
Brigid antwortete nicht.

Das Tonwarengeschäft entwickelte sich vortrefflich. Tyr war glücklich in seinem Handelskontor, Brigid konnte die aufreibende Tätigkeit in der Schänke bald aufgeben und sich der häuslichen Wirtschaft widmen. Sie zogen in eine größere Wohnung um, die sie sich nach ihrem Geschmack einrichteten. Zuweilen brachte Tyr einen Gast mit, der von weither angereist war, um mit dem Geschäftsinhaber Verträge über neue Waren abzuschließen. Tyr zeigte dem Fremden das aufstrebende Haithabu und bewirtete ihn gelegentlich auch zu Hause. Zu den bisher gehandelten Erzeugnissen kamen noch Gläser und Werkzeuge hinzu, die in Haithabu hergestellt oder zwischengelagert wurden und von dort die Reise nach Arabien und in unbekannte Länder antraten. Wenn Tyr und Brigid bei ihren Ausflügen ans Meer ein großes Handelsschiff am Kai sahen, dann überkam sie wohl das Fern- als auch das Heimweh. Tyr dachte an seine verträumte Wikingersiedlung auf einer Insel im Norden, Brigid an die grünen Wiesen und Weiden am Blackwater-River.
Sie waren nun fest versprochen. Ihre Liebe zueinander wuchs, sie würden bald Mann und Frau sein.
Eines Tages erschien ein Bote in Haithabu. Wie er sagte, hatte er die Nachricht, die er überbringen sollte, von einem anderen Boten erhalten und dieser von einem Vorgänger. Die Suche nach dem Wikinger Tyr schien bereits längere Zeit anzudauern. Der Bote hatte ein vergilbtes und stellenweise bereits verschmutztes Schriftstück bei sich, das er nach langem Suchen schließlich dem Adressaten überbringen konnte.

„Entschuldige, Herr, dass du erst jetzt in den Besitz des Schreibens kommst. Es ist schon einige Zeit unterwegs. Die Herrin, die es schrieb, wusste nicht, wo du, ihr Sohn, geblieben warst, denn sie hatte dich wohl auf eine weite Reise geschickt, von der nicht feststand, wo sie ein glückliches Ende finden würde. Hier ist der Brief. Hab die Güte, mir den Empfang zu bestätigen, damit ich mich endlich auf den Heimweg begeben kann."

Tyr, aufs Äußerste beunruhigt, quittierte den Erhalt des Briefes, gab dem Boten ein Geldstück und verabschiedete ihn mit vielen Dankesworten und guten Wünschen.

„Lieber Sohn", schrieb Hallgrim, „ich kann nicht umhin, dir eine traurige Nachricht zu übersenden. Noch weiß ich nicht, ob und wo dich dieser Brief erreichen wird. Ich muss dir leider mitteilen, dass dein Vater Agmundr tot ist. Er ist in den Götterhimmel aufgefahren und wird nun mit Odin und den anderen Göttern bei Met und Ochsenfleisch zu Tische sitzen und über das Leben philosophieren.

Ich bin sicher, dass er in Asgard weilt, auch wenn er nicht im offenen Kampf gefallen ist, wie er es sich immer gewünscht hat, sondern hinterrücks feige ermordet wurde. Du weißt, dass Vater auf dem Thing weilte, als ich dich zu deiner und Ginnlaugs Reise verabschiedete. Die Gründe für deinen Aufbruch muss ich nicht wiederholen. Es tut mir heute leid, dass ich dich mit meinen persönlichen Schwierigkeiten belastet und dir die Fahrt ins Ungewisse zugemutet habe. Als dein Vater auf dem Heimweg von der Versammlung der Häuptlinge und Adeligen war, wurde er von einem Pfeil tödlich niedergestreckt. Der Schuss kam aus dem Hinterhalt, und, wie du dir denken kannst, war es sein Widersacher Solvi, der ihm nach dem Leben trachtete. Er hat deinem Vater das Leben ja immer wieder schwergemacht. Eine Ursache für den Zwist war Ginnlaug. Das schöne junge Mädchen entzückte nicht nur deinen Vater Agmundr, so dass er sie – wie du weißt – zur Frau

nehmen wollte, sondern weckte auch die Begehrlichkeiten des heimtückischen Solvi, der deinem Vater die Beute nicht gönnte und sie ihm abspenstig machen wollte.
Solvi muss erfahren haben – vielleicht haben seine missratenen Söhne ihm Mitteilung gemacht –, dass du, mein Sohn, heimlich mit Ginnlaug verschwunden warst, worauf Solvi wahrscheinlich annahm, du hättest Ginnlaug auf Geheiß deines Vaters an einen geheimen Ort gebracht, um sie seinem Zugriff zu entziehen. So entschloss Solvi sich gedemütigt zu dieser scheußlichen Tat. Seither fühle ich mich von seiner Sippe bedrängt, denn sie weiß, dass ich den starken Arm deines Vaters Agmundr entbehren muss. Ottar und deine anderen Brüder sind mir zurzeit noch ein bewährter Schutz und mein Leben ist nicht in Gefahr. Aber das Ansehen unseres Hauses ist durch den Tod deines Vaters geschwächt und kann erst wieder zurückgewonnen werden, wenn der Meuchelmord gesühnt ist. Wenn dich dieser Brief also erreichen sollte, lieber Sohn, so soll er dich an die besudelte Ehre erinnern, die nur durch dich, den Erstgeborenen, wieder gereinigt werden kann. Deshalb, lieber Tyr, räche deinen Vater! Darum bittet dich deine dich liebende Mutter Hallgrim, die dich und Ginnlaug herzlich umarmt."
Tyr ließ den Brief sinken. Er hörte nicht, dass seine Frau auf ihn einsprach, nahm nicht wahr, dass sie ihre Hand um seine Schulter legte, ihn trösten wollte, ohne den Inhalt des Schreibens bisher zu kennen. Tyr, wie erschlagen am Tisch sitzend, schob ihr das Pergament wortlos zu. Brigid las und ihr Herz protestierte mit wilden, unregelmäßigen Schlägen, je mehr sie zur Kenntnis nahm.
„Mein Gott", rief sie, „ich bin für alle ein Ärgernis! Meinetwegen wollte dein Vater seine Frau im Stich lassen, und nun ist er von einem Rivalen getötet worden."
„Unfug!", rief Tyr. „Du hast doch keine Schuld, meine Liebe. Mein Vater hatte sich eben in dich verguckt, was nicht verwunderlich ist, wenn man älter wird und eine so junge Frau

heimführt. Das war eine Verquickung unglücklicher Umstände – aber du, du bist frei von Schuld, da sei ganz sicher."
Brigid weinte. Sie setzte sich zu Tyr, neigte den Kopf und verbarg das Gesicht zwischen ihren Armen. „Was wirst du nun tun, mein Lieber?", fragte sie schließlich mit tränenerstickter Stimme. „Wirst du dem Wunsch deiner Mutter folgen?"
„Das ist hehre Pflicht. Ich werde meinen Vater rächen. Das gebietet das Gesetz der Wikinger!"
Tyr sprang auf und reckte sich. Wie verwandelt er mit einem Mal war! Aus dem inzwischen friedlichen, gesammelten jungen Mann war plötzlich wieder ein unruhiger, kriegerischer Geist geworden. Seine Augen blitzten, seine Lippen zuckten, er lief unruhig hin und her und ballte die Fäuste. Brigid wich verunsichert zurück.
„Du gehst also fort, nicht wahr?", erkundigte sie sich. Es war eine rein rhetorische Frage, denn sie wusste bereits, dass Tyr dem Ruf Hallgrims folgen würde. Daran bestand kein Zweifel. Und das Gesetz stand über allen persönlichen Wünschen.
„Dann wird das Kind, das ich unter dem Herzen trage, seinem Vater wohl so bald nicht begegnen." Die letzten Worte nahm Tyr nur mit halbem Ohr wahr. Er war bereits in seine dunklen Rachepläne verstrickt.

Tyr kam in die Heimat zurück, doch die Heimat war nicht mehr sein Zuhause. Seine Mutter Hallgrim war gestorben, verbittert darüber, dass Tyrs Brüder sich nach dem Tode Agmundrs wegen des Erbes zerstritten hatten und ihre eigenen Wege gingen. Ottar und seine Familie, in der Erbrangfolge am nächsten nach Tyr, nahmen den Heimkehrer feindselig auf.

„Du hast dich aus dem Staub gemacht, bist mit dieser Sklavin aus Irland verschwunden. Kein Mensch wusste wohin."
„Ich bin nur Mutters Wunsch gefolgt", verteidigte sich Tyr, „sie hat mich gebeten ..."
Ottar lachte laut auf. „Gebeten? Seit wann nimmt ein Wikinger Befehle von einer Frau entgegen?"
„Sie war deine und meine Mutter!"
„Gewiss, aber Mutter hätte sich selbst helfen können, wenn sie gewollt hätte. Sie war eine starke Frau, an der sich auch Vater manchmal die Zähne ausbiss."
Tyr wusste nicht, was er erwidern sollte. Hatte Mutter ihn und Brigid fortgeschickt, weil sie sich für ihren ältesten Sohn und die Frau, die er liebte, eine bessere Zukunft erhoffte, abseits von den eingeschworenen Sitten und Gebräuchen einer auf Ehre und Ansehen erpichten Wikingerfamilie? Wollte sie, dass sich sein Schicksal nicht wiederholte wie tausend Schicksale vor ihm? Oder ging es ihr doch nur um Agmundr, ihren Mann, der blind vor Verlangen nach Brigid war?
Hallgrim selbst stammte nicht von der Insel, sondern von einem Festland im Norden. Ihr Vater Halfdan und Agmundrs Vater Alrik hatten auf einem Thing einen Vertrag über ihre Zukunft geschlossen und sie bald darauf verheiratet. Alrik hatte nie die Höhe des Brautpreises preisgegeben, den er Halfdan und seiner Familie hatte zahlen müssen.
„Mutters Brief hatte eine wahre Odyssee hinter sich. Warum hast du Vaters Tod nicht gerächt, wenn ich schon nicht zur Stelle war?", fragte Tyr, der aufs Höchste angespannt, doch zugleich auch irritiert war. „Habt ihr den Meuchelmord an ihm so widerspruchslos hingenommen?"
„Nun spiel hier nicht den Richter!", rief Ottar, und seine Stimme wurde messerscharf, „die Rache war deine Aufgabe! Du warst verschwunden, aber niemand hat damit gerechnet, dass du so lange fort sein würdest. Mutters Brief hat versucht, dich zurückzurufen und an deine Pflicht zu erinnern. Aber da du

nicht kamst, weil das Schreiben, wie du sagst, dich offensichtlich nicht so bald erreicht hat, ist sie vor Kummer und Gram gestorben."

„Wohl eher wegen eurer Zwistigkeiten und Streitereien", begehrte Tyr auf. „Statt zusammenzustehen, habt ihr euch entzweit."

„Was verstehst du denn schon, he? Du kommst aus einer anderen Welt. Auch hier hat sich einiges verändert."

„Das bezweifle ich nicht. Es wäre ja traurig, wenn immer alles beim Alten bliebe. Aber einige Gesetze müssen ihre Gültigkeit behalten, sonst gehen die Familien und Stämme unter."

Tyr stand am Grab seiner Mutter. Es war schmucklos. Hier Blumen einzupflanzen, wie er es auf einem Friedhof in Haithabu gesehen hatte, wäre zwecklos gewesen. Denn bald hätten Sturm und Wind die Wurzeln wieder freigelegt. Das Gras auf der Düne duckte sich unter der ständigen Wucht der Naturgewalten. Seine Wurzeln hatten sich im Laufe der Zeit tief ins Erdreich vorgewagt und festen Halt gefunden. Tyr besuchte auch das Grab seines Vaters. Es lag etwas erhöht über dem seiner Mutter und war mit einer Sandsteinplatte abgedeckt, in der sein Name eingeritzt und sein Status als Häuptling verewigt war. Es sah abweisend und kalt aus, auch die Platte fühlte sich kalt an. Dagegen wärmte die Sonne den Sand auf Mutters Ruhestätte. Selbst im Tod blieben die Rangunterschiede deutlich: Die Frau war von geringerem Wert als der Mann.

Tyr ließ einige Tage verstreichen, bis er das Gespräch mit Solvi suchte. Nicht, dass er zu feige gewesen wäre, um sich der Auseinandersetzung sofort zu stellen. Er wollte Zeit gewinnen, in Ruhe überlegen und sich nicht in blindem Eifer in die Rache stürzen. Was vor ihm lag, war die Verpflichtung, die Familienehre wieder herzustellen. Doch wem nützte sie am Ende wirklich? Sein Vater war tot, seine Mutter gestorben, Ottar und seine Brüder hätten sich mit einer finanziellen Abfindung

des Mörders zufriedengegeben. Doch Tyr hatte Hallgrims Auftrag zu erfüllen … Agmundrs Mörder aber empfing ihn nicht und ließ sich verleugnen.
„Ich habe noch eine alte Rechnung mit ihm zu begleichen“, hinterließ Tyr dem Sklaven am Hauseingang. „Ich werde nicht eher Ruhe geben, als bis der Mord gesühnt ist. Sag das deiner Herrschaft.“
Eines Tages kam Tyr zu Ohren, dass Solvi über diese Drohung schallend gelacht habe. Sogleich machte sich Tyr abermals auf den Weg zu Solvis Haus. Auch diesmal war der Mörder seines Vaters nicht zu sprechen. Doch immerhin konnte Tyr bis in einen Wohnraum seines Widersachers vordringen, der mit allerlei Beutegut gefüllt war. Als folge er einem unerklärbaren Geistesblitz, griff Tyr nach einem zusammengefalteten Pergament, das mit mehreren Schriftstücken auf einem Schemel lag, und steckte es in die Tasche seines Rockes. Als er es zu Hause entfaltete, bemerkte er enttäuscht, dass es nicht zu den in den Klöstern hergestellten Seiten gehörte, die aus einem zerfledderten Buch stammten, sondern eine Skizze enthielt. Die grobe Zeichnung zeigte einen Baum, dem Stamm nach eine Eiche, und in ihrer Nähe eine Höhle, die mit einer Steinplatte abgedeckt war. Zwischen dem Baum und der Höhle war eine Maßeinheit eingezeichnet. Tyr meinte eine 9 erkennen zu können. Neun Schritte also oder neun Fuß von der Eiche nach rechts befand sich verdeckt der Eingang zu einem unterirdischen Raum. Was mochte in ihm verborgen sein? Was Tyr jedoch mehr als alles andere beschäftigte, war der der am äußersten Rand des Pergaments in kleiner Schrift vermerkte Name des Landes, in dem sich Baum und Höhle offenbar befanden: Irland! Hatte man auf der „grünen Insel“ bereits nach dieser Höhle gesucht, oder stand sie auf der Liste der geplanten Überfälle? Aber wo in Irland hütete die mächtige Eiche das Geheimnis der Höhle und ihren vermeintlichen Schatz? Irland war zwar klein im Vergleich zur Nachbarinsel Britannien, doch

groß, wenn es um die Suche nach einem besonderen Baum ging. Es gab viele markante Bäume, und viele dienten als Markierungspunkt. Die Suche nach der Eiche auf dem Pergament kam der Suche nach einer Nadel im Heuhaufen gleich für den, der den Standort nicht kannte. Solvi musste ihn kennen!
Einige Zeit später erfuhr Tyr, dass Hödur, Solvis ältester Sohn, und seine Brüder Skarf und Svan mit einer großen Wikingermannschaft einen Beutezug nach Irland planten und bereits die Vorbereitungen dazu trafen. Irland! Die Heimat seiner Frau! Was Brigid wohl sagen würde, wenn sie erfuhr, dass ihre „grüne Insel“ erneut das Ziel der Wikinger war! Das Kommando lag in den Händen eines gewissen Vali, der ein guter Freund der Familie war, aber auch das Vertrauen Solvis genoss. Wenn es Tyr gelang, unerkannt auf eines der Schiffe zu kommen, gäbe es unterwegs oder in Irland sicher eine Gelegenheit, den Mord an seinem Vater Agmundr an Solvis Söhnen zu rächen.

Das Leben Jesu und seine strenge Nachfolge bildeten den geistigen Grundstock des Klosterlebens. Alle Mönche eiferten diesem Ideal nach, wenn auch nicht alle gleich ausdauernd und gründlich, je nach Veranlagung und Durchhaltevermögen. In den wöchentlichen „Confessiones“, den öffentlichen Bekenntnissen, bezichtigten sich die Konventualen der Versäumnisse und Fehler gegenüber Gott, aber auch gegenüber der klösterlichen Gemeinschaft, und der Abt ermunterte und bestärkte sie durch sein Wort und rief immer wieder zur Liebe im Geist Christi auf. Es war für ihn nicht einfach, eine aus so unterschiedlichen Charakteren zusammengesetzte Gemeinschaft von Männern zu lenken, die aufbrausend oder zurückhaltend, forsch oder demütig waren. Christus, der Vollkommene, der ohne Sünde geborene Sohn des himmlischen Vaters, war manchmal ein fernes, der Erdenschwere entrücktes Ideal. Da waren die heiligen Männer und Frauen, die vor ihnen in klösterlichen Gemeinschaften gelebt hatten, für die Mönche schon näher und greifbarer. Wie, so lautete eine entscheidende Frage, waren sie mit den Anfechtungen des Fleisches umgegangen, wie hatten sie sich den Versuchungen des Alltags gestellt? Den Heiligenviten, die in den Scriptorien kopiert und dann weitergegeben wurden, konnten die Mönche manche Anregungen entnehmen. Zwangsläufig suchte man sich die Männer und Frauen aus, die dem eigenen Werdegang ähnelten, die einem sympathisch waren. Doch an einigen Heiligen, die das Mönchtum entscheidend geprägt hatten, wie etwa der heilige Columba, kam niemand vorbei.

Am Abend vor dem Fest Kreuzerhöhung blieben die Mönche länger als sonst in der Kirche. Der Abt hatte ein mitternächtliches Gebet angeordnet. Fursa verspürte eine Unruhe, die er sich nicht erklären konnte. Er blickte heimlich zu Brenach hinüber, der schräg gegenüber auf der anderen Seite des Chorgestühls saß. Der Freund begriff, dass Fursa ihm etwas mitteilen wollte, aber in der Kirche nicht aussprechen konnte. Brenach täuschte einen Hustenanfall vor. Um die Mitbrüder nicht zu stören, ging er, ein Tuch vor dem Mund, in den Kreuzgang hinaus. Fursa konnte ihm, wollte er nicht auffallen, nicht sogleich folgen. Also wartete er einige endlos scheinende Minuten, bis Abt Comgall die Allerheiligenlitanei anstimmte und die Brüder ihre Köpfe bis auf die Chorbänke neigten. Auf Zehenspitzen huschte Fursa nach draußen. Brenach stand in einer Nische des Kreuzgangs. Der Mond schien silbern durch die hohen Fenster und beleuchtete die Heiligenfiguren an der gegenüberliegenden Wand.

„Ich spüre, dass etwas in der Luft liegt. Ich habe so eine Vorahnung“, flüsterte Fursa.

„Eine Vorahnung ist noch kein Beweis. Wie kommst du darauf?“, fragte Brenach.
„Beim letzten Überfall der Wikinger auf Scattery Island hatte ich das gleiche Gefühl. Damals schlich ich mich aus dem Klosterbezirk hinaus und wäre fast mit dem ersten Krieger zusammengestoßen.“
„Und du meinst, dasselbe könnte dir hier auch passieren?“
„Wer weiß. Ich werde auf Nummer sicher gehen und mich bis an die Fallgrube heranschleichen. Von dort kann ich das Flussufer einsehen.“
„Pass nur auf, dass du nicht hineinfällst. Es wäre sicherer, wenn ich mitkäme.“
„Nein!“, entgegnete Fursa. „Ich werde schon allein zurechtkommen. Aber ich möchte dich bitten, an der Klostermauer zu warten. Wenn du meinen Kiebitzschrei dreimal hörst, weißt du, dass Gefahr im Verzug ist, und kannst die Mitbrüder warnen. Dann bewegt euch, so schnell euch die Beine tragen, mit dem Klosterschatz in das unterirdische Verlies.“
Fursa machte ein Kreuzzeichen und eilte aus dem Kreuzgang in den Hof und von dort an Küche und Refektorium vorbei, überwand die steinerne Mauer und schlich aus dem Klosterbereich hinaus. Er raffte sein knöchellanges Gewand, damit er besser gehen konnte. Über den Wiesen lag ein seidener Nebelschleier. Wolken verdeckten inzwischen den Mond. Geduckt näherte Fursa sich dem Wald. Ganz in der Nähe verlief das kniehoch gespannte Seil. Er musste aufpassen, ihm nicht zu nahe zu kommen.
Halt! Zwischen den Baumstämmen leuchteten vereinzelt Lichter auf, dann erloschen sie wieder. Man hörte gedämpfte Schritte. Kein Zweifel, hier ging etwas nicht mit rechten Dingen zu – hier näherten sich auf leisen Sohlen Wikingerkrieger! Sie gingen sehr geschickt vor. Sekundenlang ließen sie ihre Fackeln aufleuchten, um die richtige Richtung beizubehalten, dann verdeckten sie sie umsichtig mit nassen Tüchern oder ihren Schilden, sodass

sie von vorn nicht gesehen werden konnten. Fursa wusste nicht, wie viele Feinde sich heranpirschten. Jetzt strebten sie auseinander, die hinteren schlossen auf, sie bildeten zwei lange hintereinander verlaufende Marschlinien. Offenbar wollten sie das Kloster auf breiter Front umzingeln. Sie mussten jetzt bald an der Stelle sein, an der die Fangleine gespannt war. Der Mönch stieß den schrillen und lauten Schrei eines Kiebitzes aus und wiederholte ihn zweimal – das Warnzeichen für Brenach. Die Wikinger stutzten, dann antworteten sie mit wildem Gebrüll und begannen augenblicklich in die Richtung zu laufen, aus der die Schreie gekommen waren. Doch schon nach wenigen Schritten stolperte die erste Reihe über die unsichtbare Leine und stürzte fluchend zu Boden. Die zweite konnte sich nicht so schnell fangen und fiel über die erste. Mehrere Sekunden lang herrschte Verwirrung, dann rappelten sich die Männer wieder auf. Einige hatten beim Sturz ihre Schwerter und Schilde verloren, die sie nun in der Dunkelheit zu suchen begannen, anderen waren die Fackeln erloschen, sie irrten unsicher umher. Der herrische Befehl des Anführers rief die Kämpfer zusammen. Augenblicklich stolperten sie auf ihn zu und versammelten sich um ihn. Er redete laut auf sie ein. Offenbar war man unschlüssig, wie man weiter vorgehen solle, denn mit diesem Widerstand hatte niemand gerechnet. Einige Männer wollten den Angriff fortsetzen, sie stießen triumphierende Laute aus, doch die donnernde Stimme des Befehlshabers hielt sie zurück.

Fursa war indessen bis an die Klostermauer zurückgeeilt, die die wichtigsten Gebäude der Abtei schützte. Angestrengt blickte und lauschte er in die Richtung, aus der die Wikinger kommen mussten. Derweil befanden sich die Mönche in heller Aufregung, nachdem Brenach ihnen die Lage mit wenigen Worten dargelegt hatte. Sie folgten dem Abt, der besonnen und ohne zu fragen den Schutzraum unter dem Scriptorium aufsuchte. Es würde jetzt allerdings sehr eng werden, denn als das Verlies angelegt wurde, war es auf einen kleinen Konvent zugeschnit-

ten. Einige Mönche trugen die wertvollen Güter des Klosters und einen Lebensmittel- und Wasservorrat für eine Woche. Diese Vorgehensweise war für den Notfall immer wieder eingeübt worden.
Brenach suchte zunächst mit den anderen das tief im Boden liegende Versteck auf, doch da Fursa nicht erschien, eilte er trotz Ermahnungen des Abtes noch einmal nach oben, um nach dem Freund Ausschau zu halten. Doch Fursa kam nicht. Allerdings war auch nichts von den Wikingern zu sehen. Wenn sie den Angriff nach dem dreimaligen Schrei des Kiebitzes begonnen hätten, müssten sie längst innerhalb des Abteigeländes sein auf der Suche nach Beute und Menschenopfern. Brenach tastete sich bis an die Mauer vor. Plötzlich bekam er einen Stoß in die Seite.
„Mensch, hast du mich erschreckt!“, zischte er, als er Fursa neben sich auftauchen sah. „Wo hast du so lange gesteckt?“
„Hier, ein paar Schritte neben dir. Ich warte auf die Wikinger, doch sie kommen nicht.“
„Deine Ruhe möchte ich haben“, stöhnte Brenach. „Den anderen im Versteck fällt das Herz in die Hose vor Angst.“
„Gut, dass sie in Sicherheit sind. Doch ich glaube, sie haben sich umsonst gefürchtet.“
„Meinst du?“
„Ja. Die Wikinger haben nicht mit unserem Stolperseil gerechnet und sich wahrscheinlich eine blutige Nase geholt.“
„Und du glaubst, dass sie deshalb auf den Angriff verzichtet haben?“
„Vorerst ja. Denn sie müssen annehmen, dass die Mönche auf ihre Verteidigung gut vorbereitet sind und noch weitere Überraschungen für sie bereithalten.“
Der Nachtwind war lebhaft und frisch. Dennoch rann Brenach der Schweiß von der Stirn.
„Sie werden sich auf ihre Boote oder in Ufernähe zurückziehen und beratschlagen“, mutmaßte Fursa. „Mag sein, dass sie

uns im Morgengrauen abermals angreifen, vielleicht suchen sie aber auch das Weite. Es kommt auf die Zahl der Krieger an. Ich glaube, diesmal sind es nicht allzu viele."
„Vielleicht sollte ich Abt Comgall und den Mitbrüdern die Lage hier erklären", schlug Brenach vor.
„Gut, aber sie sollen den Schutzraum heute Nacht auf keinen Fall verlassen, auch wenn nicht alle einen Sitzplatz haben. Ich werde mich hier weiter auf die Lauer legen und herauszufinden versuchen, was die Wikinger planen. Die Gefahr ist noch nicht gebannt."
Brenach schlich in den Klosterbereich zurück. Ein wachsendes Gefühl von Stolz überkam ihn. Hatten die geschickt ausgetüftelten Maßnahmen die wilden Kämpfer am Ende doch in die Schranken gewiesen? Kaum vorstellbar!
Fursa wartete etwa eine Stunde, ohne dass sich im Wald etwas regte. Er getraute sich allerdings nicht, den Schutz der mächtigen Bäume zu verlassen. Von den Wikingern war nichts zu sehen. Fursa konnte nur ahnen, wo ihre Boote am Ufer lagen. Die Nacht war sternenlos, und kein noch so schwacher Schimmer durchdrang das Gewirr der Bäume und Büsche. Plötzlich kam es dem Mönch vor, als höre er einen unterdrückten Laut. Er kam von der Stelle, an der der Weg von der Abtei zum Fluss durch die Fallgrube unterbrochen wurde, die tagsüber mit dem riesigen Brett abgedeckt, jetzt aber geöffnet war. Fursa lauschte. Ja, nach wenigen Minuten wiederholte sich der Ruf, erst gedämpft, dann lauter. Es bestand kein Zweifel, jemand war in die Tiefe gestürzt und konnte sich aus eigener Kraft nicht befreien. Fursa kicherte. Einen solch üblen Trick hatten die Leute von Tipperary einst bei dem großen Missionar Patrick angewandt, als sie seinen Reisewagen in ein mit Laub und Zweigen getarntes Loch stürzen ließen. Heiliger Patrick, jetzt mache ich wieder gut, was man dir angetan hat, murmelte Fursa und spürte, wie die Unternehmungslust in ihm wuchs. Gespannt spähte er in die Dunkelheit und tastete sich in ihrem

Schutz zur Fallgrube vor. Er musste Acht geben, sich nicht in dem Seil zu verheddern, das hier irgendwo zwischen den Bäumen im Zickzack verlief. Nach einigen Minuten stand er vor dem gähnenden Loch. Fursa ließ sich auf die Knie nieder und schob seinen Kopf behutsam über die Öffnung. Am Boden der Grube kauerte ein Wesen, das merkwürdige Flüche von sich gab.
„Wenn ich nicht wüsste, dass du ein Wikinger bist, würde ich dich für einen Bären halten", sagte der Mönch. Der Mann richtete sich auf. Er war kleiner von Gestalt als er, das konnte Fursa trotz der Dunkelheit sogleich erkennen. Er würde ihm höchstens bis an die Schulter reichen. Der Fremde streckte die Hände aus. Offensichtlich wollte er sofort aus seiner misslichen Lage befreit werden.
„Halt, halt, nicht so schnell!", lächelte Fursa. „Wenn ich dich hier heraushole, gibst du mir bei erster Gelegenheit mit deinem Schwert einen Hieb über den Kopf oder streckst mich hinterrücks nieder. Zuerst reichst du mir deine Waffen, alle, hast du verstanden?"
Der Wikinger wusste nicht, was Fursa meinte, oder tat so, als verstehe er ihn nicht. Fursa machte einige gestikulierende Bewegungen, die seine Absicht verdeutlichten. Der Wikinger schüttelte den Kopf.
„Ich weiß, ein tapferer Krieger trennt sich nie von seinen Mordwerkzeugen. Das ist gegen seine Ehre. Aber du bist in Gefangenschaft, verstehst du? Ein Gefangener hat kein Recht, seine Waffen zu behalten."
Eine Weile war es still. Der Wikinger schien zu überlegen, was er tun solle. Wieder schüttelte er den Kopf.
„Gut, dann warte hier bis zum Jüngsten Tag." Fursa tat, als wolle er sich entfernen.
Aus der Grube waren ein paar hastig hervorgestoßene Worte zu hören. Dann wurden ein Kurzschwert und ein Dolch über den Rand der Fallgrube gestreckt. Einen Schild besaß der Gefangene wohl nicht.

„Na also, warum nicht gleich so“, nickte Fursa. Er beugte sich über die Grube. „Sind das auch wirklich alle Waffen?“
Der Wikinger schien zu überlegen, was er antworten sollte. Dann nickte er.
„Alle?“
„Alle“, wiederholte der Mann.
„Nun gut. Deinen Helm kannst du aufbehalten, denn die Nächte sind frisch“, scherzte der Mönch. Dann wurde er wieder ernst. „Du wirst jetzt hier hübsch brav warten, bis es heller geworden ist. Dann hole ich dich heraus, und wir werden sehen, was weiter mit dir geschieht.“
„Warten? Was ist – warten? Was ist – geschieht?“
„Ja, warten, bis etwas geschieht. Denn etwas muss doch geschehen, oder?“
Der Gefangene wollte aufbegehren, denn er hatte mit der sofortigen Befreiung aus dem Verlies gerechnet. Doch Fursa gab ihm gestenreich zu verstehen, dass er sich erst einen Überblick verschaffen müsse, wo seine Landsleute geblieben waren. Der Wikinger kauerte sich auf den Grund der Grube und fügte sich fluchend in sein Schicksal.
Fursa ließ, durch den Ausgang des Abenteuers bestärkt, nun jede Vorsicht schwinden. Er folgte dem Weg zum Blackwater-River, sah jedoch keine Boote, wohl die Spuren, wo sie ans Ufer gezogen worden waren. Also hatten die Wikinger ihren Überfallplan für heute aufgegeben. Ob niemand den Verlust dieses Kriegers bemerkt hatte?
Fursa wartete noch eine Weile, bis das erste Licht des jungen Morgens die Umrisse der Bäume aus der Dunkelheit schälte, dann eilte er zu seinem Freund Brenach zurück, der ihn mit Vorwürfen, warum er ihn habe so lange warten lassen, empfing.
„Ich musste ganz sicher gehen, dass uns keine Gefahr mehr drohte“, entschuldigte sich Fursa. „Wir können von Glück sagen, dass die Wikinger tatsächlich abgezogen sind. Doch nun

komm, wir wollen die Mitbrüder aus der engen Notbehausung unter dem Scriptorium befreien."
Sie eilten in den Klosterbereich zurück und öffneten die geheime Tür, die aus der Schreibwerkstatt in die Tiefe führte. Die Mönche saßen oder standen in der dunklen Enge des Raumes und beteten. Fursa gab dem Abt ein Zeichen, worauf Comgall Ruhe gebot. Fursa berichtete kurz, was er beobachtet hatte und dass für das Kloster augenblicklich keine Gefahr bestand. Von dem gefangenen Wikinger sagte er nichts.
Ein Freudenschrei brach aus den Männern hervor. Einige umarmten einander, gaben unumwunden zu, dass sie große Angst ausgestanden hätten, nur die früheren Krieger schwiegen. Andere wollten Fursa und Brenach auf ihre Schultern heben, was in der bedrückenden Enge ohnehin unmöglich gewesen wäre, doch die beiden entwanden sich geschickt den Zugriffen. Die Erleichterung über das Ende der drohenden Gefahr stand allen ins Gesicht geschrieben.
„Wir wollen nach oben gehen und in unserer Kirche ein Danklied anstimmen", entschied Comgall. „Denn wir sollten nicht vergessen, dass es Gott war, der unseren Mitbrüdern Fursa und Brenach die Kraft verlieh, den Wikingeransturm abzuwehren. Aus eigener Kraft vermögen wir nichts. Alles, was wir tun, geschieht nur mit Hilfe des Himmels."
Entspannt setzte sich der Zug in Bewegung. Fursa sah Brenach an und Brenach den Freund. „Nun hat Gott wohl die Fangseile angebracht und die Grube ausgehoben", knurrte Brenach. Fursa erwiderte etwas, das der Nachbar nicht verstand.
Während die Mönche zur Kirche eilten, hielt Fursa den Freund zurück. „Ich muss dir etwas anvertrauen, aber ich bitte dich um absolutes Stillschweigen. Ehrenwort?"
„Warum so feierlich?", wunderte sich Brenach. „Du weißt doch, dass du dich auf mich verlassen kannst. Oder habe ich dir auf Scattery Island Anlass zum Misstrauen gegeben?"

Fursa ging auf die Frage nicht ein. Er machte eine Handbewegung, dass Brenach ihm folgen solle.
„Wohin gehen wir?"
„Das wirst du gleich sehen. Wir haben einen Gefangenen!"
Brenach blieb stehen und zog Fursa am Ärmel des Habits. „Wir haben – was?"
„Er steckt noch in der Grube. Aber wir müssen ihn herausholen und irgendwo verstecken."
„Verstecken? Was machen wir hier mit einem Wikinger? Lass ihn laufen, sonst bekommen wir Ärger."
„Oder auch nicht", erwiderte Fursa. „Er könnte uns als Geisel dienen oder sonst wie ein Garant der Sicherheit sein."
„O Gott", stöhnte Brenach. „Wenn das nur gut geht."
Fursa fasste den Freund bei den Schultern und schüttelte ihn. „Wozu haben wir die Grube denn ausgehoben, he? Um einen Ziegenbock zu fangen oder eine wilde Geiß? Es galt, Feinde abzuwehren, die uns an die Gurgel wollten, vergiss das nicht!"
Brenach sah sich um, als fürchte er, von den Wikingern belauscht zu werden. Aber kein Laut war zu hören. Nur der Wald atmete tief. Inzwischen war es heller geworden. Vom Blackwater-River zog Nebel auf. Den Männern fröstelte. „Die Stunde vor Sonnenaufgang ist die kälteste der Nacht", sagte Brenach. Solche Naturweisheiten hatte er von seinem Großvater, der noch ein echter Kelte gewesen war.
„Bevor wir den Kerl aus seinem Gefängnis holen, müssen wir uns im Klaren darüber sein, wohin wir ihn bringen wollen. Ins Kloster werden wir ihn schwerlich mitnehmen können, und selbst wenn, würde der Abt seine Anwesenheit nicht lange dulden, sondern ihm die Freiheit geben."
„Was das Beste wäre", fügte Brenach hinzu.
Doch davon wollte Fursa nichts wissen. „Wenn du dich nicht getraust, ziehe ich die Sache allein durch. Der Wikinger bleibt in Gewahrsam."
„Und wenn seine Freunde ihn suchen?"

„Dann werden sie uns nicht hinterrücks überfallen und uns abstechen. Denn Tote können keine Auskunft mehr geben. Sie werden mit uns verhandeln. Und so lange haben wir einen Trumpf in der Hand."
Fursas Taktik überzeugte Brenach nicht. „Wenn sie uns vorher nicht töten, dann eben hinterher, wenn sie erfahren haben, was sie wissen wollten." Aber er willigte ein, den Fremden erst einmal einzusperren. „Es gibt eine Waldhütte, ungefähr eine halbe Meile oberhalb der zum Kloster gehörenden Weiden auf dem Wege nach Tallow", sagte er. „Sie ist bestimmt kein ausbruchsicheres Gefängnis, doch geschützt durch Brombeerranken und Haselgebüsch. Eine andere Möglichkeit sehe ich nicht."
Der Freund erstarrte. „Wo liegt diese Waldhütte? Auf dem Weg…"
„…nach Tallow, ja. Was dagegen?"
„Ja, äh, ich meine, das ist kein guter Vorschlag."
„Und warum nicht?"
„Ich habe so ein merkwürdiges Gefühl in der Magengrube."
Brenach lachte laut auf. „Seit wann verlässt du Verstandesmensch dich auf deine Gefühle? Ein Gefangener braucht ein Dach über dem Kopf. Und die Stelle, wo wir ihn unterbringen, muss so gelegen sein, dass er niemanden durch Geschrei auf sich aufmerksam machen kann."
„Wir verkleben ihm den Mund."
„Das ist keine Lösung. Er wird sich das Pflaster abreißen, denn wir werden ihm schwerlich die Hände binden können."
„Wieso nicht? Wer die Hände frei hat, kann leichter fliehen."
„Es genügt, wenn wir seine Füße in Fesseln legen. Oder willst du zweimal am Tag hinausgehen und ihm bei der Notdurft helfen?"
„Fursa fluchte. „Mensch, an was du alles denkst!"
„Ja, eben. Jetzt haben wir einen Gefangenen und sitzen mit ihm in der Patsche."
Allmählich legten sich Fursas Vorbehalte gegen die Waldhütte. Die Truhe mit der Himmelsscheibe würde der Fremde schwer-

lich entdecken, da müsste schon ein verwegener Zufall mit im Spiel sein.
Wortlos näherten sie sich der Grube, unterwegs immer wieder Ausschau haltend, ob sich nicht doch noch Wikinger im Wald herumtrieben. Schließlich standen sie vor dem Gefangenen.
„Was – warten, was – geschieht?“, fragte er und sah Fursa und Brenach abwechselnd an.
„Wir nehmen dich mit.“
„Gut, gut. Werde einholen meine Leute. Sind sicher noch da.“
„Niemand ist da. Sie haben sich aus dem Staube gemacht und dich sitzen gelassen.“
„Sitzen – was? Ich nicht glauben!“
„Stimmt aber. Auch ihre Boote sind weg.“
„Weg“, wiederholte der Wikinger tonlos. Die beiden Mönche wunderten sich, wie gut er sich in ihrer gälischen Sprache auszudrücken verstand.
„Werde schwimmen. Auf andere Seite des Flusses. Dort ist Lager.“
„Kein Lager, keine Boote, keine Wikinger. Du bist mutterseelenallein.“
„Was ist Mutterseele? Kann laufen, laufen wie ein Wiesel. Laufe nach Osten. Immer nach Osten.“
„Dann stößt du wieder auf Wasser, kapierst du?“, stellte Brenach klar. „Unser Irland ist von Meer umgeben und ohne Schiff bist du gefangen.“
„Ge-, gefangen?“
„Ja, nun stell keine blöden Fragen, sondern tu, was wir dir sagen.“
„Da du mir deine Waffen bereits ausgehändigt hast, will ich dich jetzt heraufziehen“, sagte Fursa. „Aber ich warne dich: Versuche nicht zu fliehen! Du hättest keine Chance. Denn vor dir steht der schnellste Mann Irlands, der jeden Wettkampf im Rennen gewinnt und vom Hochkönig auf Tara bereits eine bedeutende Auszeichnung erhielt.“

Fursa wies auf Brenach. Brenach wurde rot.
Sie befreiten den Gefangenen aus seiner misslichen Lage. Er reckte sich und streckte seine Glieder. Er war nicht mehr ganz jung, vielleicht vier- oder fünfundzwanzig Jahre alt, schlank, aber nicht außergewöhnlich groß. Außer dem Schwert und dem Dolch, die sich jetzt in Fursas Gewahrsam befanden, und dem kupfernen Helm schien er keine Gegenstände bei sich gehabt zu haben, denn sie durchsuchten seine Taschen, fanden außer einem Stück Salzbrot jedoch nichts. Fursa löste sein *Cingulum*, das um seine Taille gebunden war, und fesselte damit die Hände des Wikingers auf dessen Rücken. Der Gefangene sträubte sich, er zog und zerrte, aber er bekam den Knoten nicht auf.
„Sei froh, dass wir dich nicht gleich an Ort und Stelle erledigen", drohte Brenach. „Wie eure wilden Horden machen wir mit gefangen genommenen Kriegern kurzen Prozess."
„Prozess, was ist Prozess?"
Brenach machte die Geste des Halsabschneidens.
„Das du machst mir nicht weis!", rief der Gefangene. „Ihr nicht dürft töten! Das ist Wikingern bekannt. Deshalb niemand hat Scheu, eure Klöster zu überfallen. Keine Gegenwehr. Nur Demut und Ergebenheit, Ergebenheit in Gott."
„Dir werd ich helfen!", schimpfte Brenach und zog so ruckartig am Cingulum, dass der Wikinger aufschrie.
„Schade, dass du noch nicht vor Scattery Island erschienen bist, ich hätte aus dir Brei gemacht und an die Möwen verfüttert", fluchte Fursa.
„Das du sagst nur so daher, Mönch. Du ein Aufschneider! In Wirklichkeit ihr seid lammfromm und ergeben eurem Schicksal."
„Wer hat dir denn diesen Unsinn erzählt?", brauste Fursa auf. „Glaubst du, Mönche lassen sich wie Karnickel abschlachten?"
„Ja, ja, so es ist! Euer verrückter Gott es gebietet! Der nicht duldet Kampf, er nicht duldet Widerstand. Schlage ich auf die rechte Backe dich, sagt er, du musst auch hinhalten linke

Backe. Sollen wir ausprobieren? Ist Christengebot! Nun, was ist? Beuge dich, ich dich schlage."
Fursa trat dem Wikinger in die Kniekehle. Der drohte zu fallen, doch fing er sich und drehte sich mit einem Fluch auf den Lippen zu seinem Peiniger um. „Das schwere Sünde", zischte er. In seinen Augen loderte Hass.
„Da du über das Christentum so genau Bescheid zu wissen scheinst, wollen wir dir eine kleine Freude machen", sagte Brenach. „Du wirst heute fasten, wie die Mönche es tun, und nichts zu essen bekommen."
„Das ist gegen gute Sitte!", rief der Wikinger.
„Erzähl mir keine Märchen", erwiderte Brenach. „Du weißt doch am wenigsten, was gute Sitten sind."
Die Waldhütte erwies sich zwar als ein abgeschirmtes, doch nicht sicheres Versteck. Hier konnten sie den Gefangenen nur allein lassen, wenn sie ihn an einen der tragenden Balken fesselten. Weder das Cingulum noch ein Hanfseil würden indes den Ausbruchversuchen des Kriegers widerstehen. Es wäre ein Leichtes, sie an den scharfen Kanten des Türrahmens durchzuscheuern und das Weite zu suchen. Fursa schickte Brenach los, um aus der Schmiede des Klosters eine starke Eisenkette zu organisieren. „Am besten mit einem Schloss", fügte er hinzu, während sich der Freund widerstrebend auf den Weg machte.
Der Wikinger ließ sich ins Stroh fallen, rollte sich auf die Seite und sah Fursa unverwandt an. „Du dich hast in schlimme Lage gebracht", lächelte er boshaft.
„Bist du hier der Gefangene oder ich?", schnaubte Fursa und hob den Fuß.
„Ja, tritt! Tritt zu! Wirf nur über Haufen die Gebote deiner Religion, dann du wirst sehen, was dir passiert."
„Nichts wird geschehen, du Aufschneider. Pass nur auf, dass ich dir nicht eine Tracht Prügel verpasse. Für einen Gefangenen nimmst du den Mund reichlich voll."

Der Wikinger richtete sich auf und stemmte die Arme rücklings ins Stroh. „Weißt du, was machen werden meine Leute mit dir, wenn sie dich erwischen eines Tages?“ Da der Mönch nicht antwortete, fuhr der Wikinger fort: „Sie werden dich lassen sterben eines langen, langsamen Todes. Zuerst du wirst wie ein Fell auf ein Brett gespannt und musst liegen bleiben vierundzwanzig Stunden. Gegen Mittag des nächsten Tages wird kommen ein Angehöriger meiner Familie und dir abhacken den rechten Arm an der Schulter. Am darauf folgenden Mittag wird kommen wieder ein Bruder und dir trennen den linken Arm vom Körper. Damit du nicht verblutest so schnell, wird man verstopfen deine Wunden mit Erde, Laub und Tierhäuten. Doch nicht genug. Einen Tag später wird abgehackt dir das rechte Bein und darauf schließlich das linke. Wenn du lebst danach noch, man wird dir ausstechen die Augen, die Ohren abschneiden und die Zunge reißen aus dem Mund. Zu guter Letzt wird man hauen deinen Körper in zwei Stücke. Dein Leichnam bleibt liegen so lange, bis das Fleisch ist von den Knochen gelöst, vom Winde zerstreut oder von wilden Tieren abgenagt. Dann wird kommen eine Sklavin und einsammeln deine Knochen und sie bestatten oder zerstreuen in alle Richtungen.“

Der Gefangene hielt inne, um die Reaktion seines Wächters zu beobachten. Fursa stand mit starrer Miene vor ihm, sein Gesicht verriet nicht die kleinste Erregung. Er streckte seine großen, kräftigen Hände aus und ließ die Finger spielen. „Ich könnte jetzt, damit mir nicht geschieht, was du mir so einleuchtend angedroht hast, dem Spuk ein Ende machen. Ich könnte dir den Hals zudrücken und meine Hände erst wieder lösen, wenn dein letztes Röcheln verstummt ist. Dann würde ich dich gleich nebenan verscharren, aber nicht tief, sodass die Füchse, die bekanntlich eine feine Nase haben, dich wieder ausgraben und genüsslich verzehren können. Nun, was hältst du von diesem Vorschlag?“

Der Wikinger war bleich geworden. „Dass du kannst erwägen solche Gemeinheiten, wo deine Religion doch lehrt Liebe und Vergebung“, stammelte er. „Ich glaube, du bist schlechter Mönch.“

„Nicht schlechter als andere“, sagte Fursa. „Ich bin auch einmal Kämpfer gewesen wie du, und ich habe dem Tod wohl hundertmal ins Auge gesehen. Ich weiß, wovon ich spreche. Im Innern, hier, wo ihr Wikinger kein Herz habt, bin ich immer noch Soldat. Aber jetzt ein Soldat Jesu Christi.“

„Dass ich nicht lache! Du dich treibst hier in komischer Kutte herum, die aussieht eher wie das Gewand einer Frau, und willst sein gewesen Soldat? Du aussiehst wie müder Krieger.“

Fursa antwortete nicht, doch schoss ihm die Zornesröte ins Gesicht. Der Gefangene spürte, dass er mit seiner Rede zu weit gegangen war, und deshalb fragte er schnell: „Hast du auch getötet?“

„Wenn mir der Feind zu nah auf den Pelz rückte, ja. Ich habe nicht wahllos niedergemacht, wenn sich mir jemand in den Weg stellte, doch ich habe mich meiner Haut zu wehren gewusst. Ich bin also durchaus bereit, dich ins Reich deiner Ahnen zu schicken, wenn du mich weiter herausforderst.“

Der Wikinger schwieg und blickte zu Boden. Offenbar waren nicht alle Mönche bereit, sich ohne Gegenwehr abschlachten zu lassen, nur weil sie einem Gebot ihres Gottes folgten.

„Denken alle so hier wie du?“, fragte er schließlich.

„Nein. Auch ich denke nicht immer so. Wir haben in der Klostergemeinschaft gelernt, unseren Hass zu überwinden und unseren Feinden zu verzeihen. Unser Gott ist kein törichter Gott, wenn er uns lehrt, die Menschen zu lieben. Aber das zu verstehen, passt wohl nicht in deine schwarze Wikingerseele.“

Brenach kam zurück, eine dicke Kette über der Schulter. Er wischte sich den Schweiß aus dem Gesicht. Er berichtete, dass der Schmied eine Reihe unangenehmer Fragen gestellt habe: Wofür er die Kette benötige, ob er sie heute noch wiederbekäme, warum sie so dick und lang sein müsse, ob nicht auch eine kleinere und kürzere reiche. Schließlich habe er, Brenach, ihm geantwortet: „Der Stier, den wir einfangen müssen, ist so stark wie der braune Donn Cuailgne, den Medb, die Königin von Connacht, vorzeiten aus Ulster gestohlen hat." Damit habe sich der Schmied zufriedengegeben. Eine andere Peinlichkeit sei die Fragerei des Abtes gewesen. Comgall habe sich zweimal erkundigt, warum Fursa und er nicht am Mittagsgebet und am Mittagstisch teilgenommen hätten. Die Ausrede, die von den Wikingern ausgehende Gefahr sei nicht endgültig überstanden und die Gegend müsse weiter beobachtet werden, habe ihm Comgall wohl nur halbherzig abgenommen.

„Wir müssen sehen, dass wir den Gefangenen jetzt einigermaßen versorgen und dann nichts wie zurück zur Abtei", drängte Brenach.

„Ein Strohlager ist ein fürstliches Quartier für einen Wikinger, oder?" Fursa nahm dem Gefangenen das Cingulum ab und legte es wieder um seine Taille. Dann befestigten sie ein Ende der Kette am linken Fuß des Gefangenen, das andere Ende schlossen sie an einem niedrigen Dachbalken an.

„Wir können dir auch einen nackten Felsen als Bett und einen Stein als Kissen geben, so wie viele Mönche vor unserer Zeit schliefen. Aber wir wollen nicht unchristlich sein."

Der Wikinger sah ihnen mit niedergeschlagenem Blick nach.

Zwei Tage herrschte in Molana eine freudige Stimmung. Fursa und Brenach wurden von den Mitbrüdern wie Helden gefeiert. Dank ihrer ausgetüftelten Abwehrvorkehrungen hatten die Wikinger das Feld geräumt, womit niemand gerechnet hatte, am wenigsten die beiden Mönche selbst. Zufrieden ließen sie die Lobeshymnen über sich ergehen, doch dann mahnte der Abt zur Demut. So nahm der Alltag mit seinen geregelten Diensten wieder seinen Lauf, doch das Gefühl, einem Feind die Stirn geboten zu haben, hinterließ einen verhaltenen Stolz. Es sprach sich bald herum, dass Molana einem geplanten Wikingerüberfall entgangen war, und die Äbte der benachbarten Abteien schickten Mönche, die sich genau erkundigen sollten, auf welche Weise man dem Angriff widerstanden habe. Fursa und Brenach erläuterten ihre Taktik, fertigten Zeichnungen an und demonstrierten die Abwehrmaßnahmen an Ort und Stelle. Tief beeindruckt kehrten die Gesandten in ihre Klöster zurück.

Fursa und Brenach wussten, dass sie nicht länger gemeinsam zur Waldhütte gehen konnten, um nach dem Gefangenen zu schauen. Dass sie andauernd die Köpfe zusammensteckten, wurde von Abt Comgall und den Mönchen nicht gern gesehen. In einer Gemeinschaft von nunmehr fünfzig Männern sollte es keine privaten Bindungen geben. Gestattet war hingegen ein „Seelenfreund“, dem sich ein anderer Mönch anvertrauen und ihm gegenüber auch seine Schuld bekennen durfte. In der keltischen frühchristlichen Kirche war die Beichte nicht zwingend vorgeschrieben, weil man auch den Sündenbegriff noch anders definierte. Die Moral war noch nicht christlich, sondern stark vom archaischen Ethos geprägt. Zwar gab es ein Verständnis für Verfehlung und Verantwortlichkeit, doch darüber sprach man mit dem „Seelenfreund“, der allerdings nicht die Kompetenz eines Beichtvaters besaß. Der geistig-spirituelle Ratgeber entstammte der vorchristlichen keltischen Gesellschaft und war meist ein Druide gewesen.

Jedermann wusste, dass das freundschaftliche Verhältnis zwischen Fursa und Brenach aus der gemeinsamen Zeit auf Scattery Island herrührte. Doch in jüngster Zeit schienen die beiden unzertrennlich zu sein, was die Majorität der Mönche missbilligte. Abt Comgall hatte im Stillen bereits erwogen, an

Abt Erc zu schreiben und Fursa in sein Heimatkloster zurückzuschicken. Nachdem die Wikingerplage gebannt schien, bestand ja auch kein Grund für sein längeres Verbleiben. Comgall besprach sich mit seinem Prior und dem Subprior, doch beide rieten von einer vorschnellen Entscheidung ab. Diese Maßnahme dürfe nicht abrupt getroffen werden, sondern setze eine längere Vorbereitung voraus. Schließlich verdanke Molana dem Gast von Scattery Island vielleicht sogar sein Überleben, und der Abzug Fursas könne alte Ängste wieder schüren und in der Gemeinschaft für Unruhe sorgen.
Fursa ahnte, dass hinter seinem Rücken etwas im Gange war, und er teilte Brenach seinen Verdacht mit.
„Nimm es mir nicht übel", sagte er, „ich halte es für unklug, weiterhin gemeinsam zu dem Wikinger zu gehen, da man uns von allen Seiten beobachtet."
„Was schlägst du vor?", fragte Brenach.
„Wir werfen das Los oder ziehen Holzstäbchen."
„Dann bin ich meist der Verlierer", sagte Brenach. „Ich habe mit solchen Dingen kein Glück."
„Gut, dann gehen wir abwechselnd. Heute ich, morgen du."
Doch Brenach äußerte andere Bedenken: „Ich halte es dennoch für riskant, den Gefangenen allein aufzusuchen, um ihm sein Essen zu bringen. Ich bin ihm vielleicht an Kräften gleich, doch gewiss nicht an Hinterlist. Was ist, wenn er sich hinter der Tür verbirgt, mir auflauert und mir die Kette um den Hals schlingt? Ein überraschender Angriff kann mich das Leben kosten."
Fursa unterdrückte das Lachen. „Ich weiß, dass Krieger zu folgsamen Lämmern werden. Das Beispiel in unseren Klöstern zeigt es jeden Tag. Aber ich wusste nicht, dass sich tapfere Streiter auch in Memmen verwandeln können."
Brenachs Gesicht färbte sich rot. „Ich bin keine Memme, dagegen verwahre ich mich. Ich bin nur vorsichtig."
„Gut, mein Freund. Dann brauchst du einen Verbündeten, jemanden, der mit dir in die Waldhütte geht. Ich kann es ja

schwerlich sein, denn ich werde in der Zwischenzeit im Kloster bleiben müssen. Was hältst du von – Findbar?"
Brenach atmete erleichtert auf. „Dem ich deine Vorzüge so ausführlich geschildert habe. Das ist ein ausgezeichneter Vorschlag. Dass ich nicht selbst darauf gekommen bin! Findbar ist zuverlässig – und tapfer, wenn es sein muss."
„So werde ich ihn ins Bild setzen."
„Nein, nein, Fursa, überlass das mir! Ich kenne Findbar länger als du. Er wird mir vertrauen."
Fursa begriff, dass dieser Weg nur eine Notlösung war. Je größer der Kreis, der um den Gefangenen wusste, umso größer war die Gefahr, dass man ihr Geheimnis entdeckte. Nach der Vesper in der Kirche schlich Fursa ins Refektorium. Bruder Moluag und seine Gehilfen hatten den Tisch bereits gedeckt. Es gab Brot, ein Stück Ziegenkäse für jedermann und einen Becher Milch. Fursa schritt eilig an den Tischreihen entlang, nahm hier einen Kanten Brot, dort das Käsestück vom Holzteller und verstaute sie in der Tasche seines Habits. Frisches Wasser würde er unterwegs auf dem Wege zur Waldhütte aus einer Quelle schöpfen. Es war Fastenzeit, das Mahl kärglich und dazu noch die Zeit des Stillschweigens. So durfte niemand der bestohlenen Mönche seinem Unmut Ausdruck verleihen.

Der Wikinger wartete schon. Er wusste, dass die Zeit der Abenddämmerung ihm die einzige Mahlzeit des Tages bescherte, denn tagsüber konnten sich die Mönche nicht sehen lassen. Fursa packte das spärliche Abendbrot aus und reichte ihm auch den Napf mit dem Quellwasser. Die Hälfte hatte er unterwegs verschüttet. Der Gefangene schob sich das Stück

Brot in den Mund, kaute kurz und verschlang auch den Käse. Erwartungsvoll blickte er auf Fursa. Der zuckte die Achseln.
„Es tut mir leid, dass ich dir den Tisch nicht reicher decken kann", sagte der Mönch, und ehrliches Bedauern dämpfte seine Stimme. „Ich werde versuchen, dir morgen mehr zu bringen."
„Das hast du gesagt gestern auch", brauste der Wikinger auf. „Und vorgestern dazu. Wenn ihr mich weiter so lasst schmachten, kannst du bald ausheben für mich ein Grab oder mich verbrennen. Doch zuvor ich fordere dich heraus zum Zweikampf. Ich nicht werde sterben wie ein elender Hund."
Fursa freute sich über die sprachlichen Fortschritte, die der Wikinger machte, und er sagte es ihm auch. Dadurch war die Wut des Inhaftierten allerdings nicht besänftigt. Der Mönch kontrollierte die Kette. Der Gefangene hatte keine Möglichkeit, sich ihrer zu entledigen, und er schien keinen Versuch dazu gemacht zu haben. Das Schloss hielt stand und die Fußangel ebenso.
„Soll ich dir das Laub aufschütten, damit du bequemer liegen kannst?", fragte Fursa, um die Stimmung zu heben.
„Lass mich", schimpfte der Wikinger und drehte sich auf die Seite.
„Eingeschnappt, was?"
„Einige –was? So lange ich hier bin eingesperrt, so lange du bist mein Feind."
Fursa überhörte die Bemerkung. „Ich habe dich bisher nicht nach deinem Namen gefragt. Wirst du ihn mir verraten?"
„Verraten? Ich kein Verräter", kam es giftig zurück.
„Ich meine, ob du mir deinen Namen sagst, verstehst du?"
„Tyr", knurrte der Gefangene.
„Wie – Tür?"
„Quatsch! Tyr heißt Kriegsgott. Nach ihm hat mich genannt mein Vater."
Fursa pfiff durch die Zähne. „Einen solchen Namen erhält nicht jedermann. Du musst aus vornehmem Hause sein."

„Mein Vater war Häuptling. Aber er wurde erschlagen im Kampf. Von hinten."
„Hinterrücks? Im Kampf?"
„Ja, von einem oberen Stamm, nein, Stammesoberen, der neidisch war, wollte Vaters Macht."
„Also von einem Rivalen, so, so. Das tut mir ehrlich leid", sagte Fursa leise.
„Muss es nicht. Es nicht muss dir leid tun. Denn du kein Wikinger. Ich hoffe, mein Vater lebt in Asgard, im Himmel. Unser Himmelreich – das ist eine riesige Burg mit zwölf wunderschönen Palästen für die Götter."
„Was du nicht sagst!", rief der Mönch und klatschte in die Hände. „Das klingt ja nach dem Himmlischen Jerusalem und seinen zwölf mit Edelsteinen besetzten Toren."
„Im Palast von Hauptgott Odin befindet sich Walhalla. Das ist prächtige Halle mit 540 Toren. In diese riesige Halle die Walküren bringen die tapfersten Krieger, die gefallen sind auf dem Schlachtfeld."
„Die Walküren?", fragte Fursa. „Was sind denn das für Wesen?"
„Das sind halbe Göttinnen, nein, Halbgöttinnen, kämpferisch, die beistehen auf dem Kampfplatz den Helden, für deren Sieg sich Odin hat entschieden."
„Dann ist dein Vater ja in guten Händen", versuchte Fursa zu trösten, doch Tyr winkte ab.
„Mein Vater ist ermordet worden hinterrücks und nicht beim messen Kräfte, äh, Kräftemessen im ehrlichen Zweikampf. Deshalb ich bin nicht sicher, wie Odin über ihn denkt und ob Asgard geworden ist sein wirkliches Zuhause."
Es entstand eine kleine Pause. Fursa versuchte sich in die Lage seines Gefangenen zu versetzen und seine Sorge um das ewige Seelenheil seines Vaters zu verstehen.
„Wir Christen können für die Verstorbenen beten und Gott bitten, sie bei sich aufzunehmen."

„Ist zu billig“, entgegnete Tyr. „Muss selbst etwas tun. Wir Wikinger, wir können gemeines Unrecht, das ist widerfahren einem edlen Krieger, wieder machen gut, indem wir stellen den Mörder zur Rede und ihn besiegen.“
„Rache? Unser Gott sagt: Mein ist die Rache. Das heißt, Gott sorgt dafür, dass Unrecht gesühnt wird. Willst nicht auch du Odin entscheiden lassen, was richtig ist?“
Tyr spuckte aus. „Ich will dir sagen: Euer Christentum ist Religion für Jammerlappen. Ihr betet, betet, betet – wir handeln. Ich will nicht verbringen meine Ewigkeit im Totenreich Hel, wohin die kommen, die begegnet sind ihrem Schicksal tatenlos. Weißt du, für uns die Welt ist wie ein riesiger Baum, eine Weltesche mit Namen Yggdrasil. In der Krone des Baumes ist Reich Asgard, wo die Götter wohnen, unter den Wurzeln liegen Hel und Niflheim. Dieses ist eine eisige Welt, wird bewohnt von Frostriesen. Böse Geschöpfe! An einem Brunnen leben die Nornen, das sind Schicksalsgöttinnen, die begießen den Weltenbaum, aber spinnen und bemessen auch Lebensfäden der Menschen. Sie können durchschneiden Lebensfäden am Lebensende.“
In Fursa erwachte der Missionar. „Wir Christen kennen auch eine Unterwelt. Wir nennen sie Hölle. Aber wir vertrauen auf Gott, dass wir in ihr nicht elendig umkommen, sondern für den Himmel gerettet werden. Dafür hat Gott seinen Sohn auf die Erde geschickt, dass uns dieses Schicksal erspart bleibt. Gottes Sohn Jesus Christus hat sich für uns am Kreuz geopfert und dadurch von Sünde und Schuld erlöst.“
„Stellt ihr deshalb her diese merkwürdigen Kreuze – aus Gold und besetzt mit Edelsteinen?“, spottete Tyr. „Ein Kreuz ist doch Marterwerkzeug, um zu quälen die Menschen! Beim Überfall auf Lismore vor einigen Jahren mir ist ein schönes Kreuz in die Hände gefallen, herrlich, wunderschön. Es das erste Mal war, dass ich durfte beim Raubzug dabei sein. Es hat gelohnt sich.“
„Sieh einer an, du Halunke!“, entfuhr es Fursa.

„Euer Gottessohn ist doch euer Freund, denke ich. Warum ihr zeigt ihn dann so – im Elend, im Todeskampf, im Sterben? Brrr!"
Der Mönch hockte sich zu dem Gefangenen nieder. Sie saßen sich nun auf Augenhöhe gegenüber.
„Weil es das Höchste ist, was man füreinander tun kann: dem anderen sein Leben schenken. An seiner statt in den Tod gehen. ‚Eine größere Liebe aber hat niemand, als wer sein Leben hingibt für seine Freunde', sagt unser Gott."
Von fern tönte blechern die Glocke des Klosters. Fursa stellte sich vor, wie Bruder Macartan sie vom Giebelfenster des Gotteshauses aus hin und her schwang und die Klostergemeinschaft zu den Gebeten rief.
„Selbst wenn du nimmst deine Beine unter die Arme, du wirst nicht schaffen es bis zum Beginn der Gebetstunde", grinste der Wikinger. „Wirst Ärger bekommen."

Von Tyr keine Nachricht; er kam nicht zurück. Er hätte, wenn er seinen Auftrag erfolgreich hätte ausführen können, längst wieder bei ihr sein müssen! War ihm etwas zugestoßen? Hatte er den hinterhältig getöteten Vater nicht gerächt oder hatte ihn selbst der Tod ereilt? Die Tage vergingen in bleierner Ungewissheit, und je mehr Zeit verstrich, umso unruhiger und verzweifelter wurde Brigid. Tyrs plötzlicher Aufbruch, nachdem ihn der Brief der Mutter schließlich erreicht hatte, seine augenblicklich spürbare Veränderung nach Empfang der bedrohlichen Nachrichten – für Brigid blieben sie ein Rätsel, das sie seit den Verwirrungen jener Tage nicht lösen konnte. Sie hatte einen rücksichtsvollen, einfühlsamen jungen Mann kennengelernt, der gleichsam schrittweise ihre Liebe zu ihm

geweckt hatte – und dann dieser abrupte, unverständliche Gang ins Ungewisse.
Wenn nicht bald etwas geschah, musste sie die kleine, schmucke Wohnung aufgeben und sich eine andere Unterkunft suchen. Denn der Kaufmann, der Tyr inzwischen zum Kompagnon gemacht und ihm die Leitung seiner Niederlassung in Haithabu übertragen hatte, konnte und wollte nicht länger auf seinen Mitarbeiter verzichten und, da er sich nicht meldete, verständlicherweise auch keinen Lohn mehr zahlen. Zu Anfang hatte er sich mit der Zusicherung, Tyr sei in zwei, drei Wochen bestimmt zurück, dann sei die Familienangelegenheit gewiss geregelt, noch zufriedengegeben, doch jetzt drängte er Brigid immer mehr, ihm verbindliche Zusagen für den Wiedereintritt ihres Mannes in das Geschäft zu geben, andernfalls müsse er sich nach einem anderen Kontorleiter umsehen. Es nutzte nichts, dass Brigid wiederholt um Aufschub bat, eines Tages stellte der Kaufmann sie vor vollendete Tatsachen.
„Es tut mir leid, junge Frau, aber ich kann nicht länger warten. Ich habe einen Bewerber für den Posten Ihres Mannes, und ich bin gewillt, ihn einzustellen."
„Das können Sie nicht machen! Tyr war immer fleißig und zuverlässig. Sie können ihn nicht einfach vor die Tür setzen."
„Und ob ich das kann!" Der Kaufmann zeigte sich unerbittlich. „Ich habe mich schon wochenlang mit Ihren Erklärungen zufriedengegeben. Doch jetzt ist das Maß voll. Ich brauche einen Leiter des Kontors, sonst gehen meine Geschäfte zurück. Das kann ich mir nicht leisten."
Brigid zog aus. Der Abschied von der geliebten Umgebung fiel ihr schwer. Die Räume aufzugeben, in denen sich ihr Glück schrittweise vergrößert hatte, schmerzte sie zutiefst. Der Zufall wollte es, dass die Wohnung an der Stadtmauer, die sie mit Tyr bei der Ankunft in Haithabu bezogen hatte, in jenen Tagen wieder frei geworden war. Mit den wenigen Möbeln und dem überschaubaren Gepäck richtete sie sich im neuen Zuhause

ein. Schwerer wog der Umstand, dass sie mit dem wachsenden Kind in ihrem Leib allein dort leben musste. Und wenn er demnächst geboren sein würde, wie sollte sie den Winzling ernähren, wo sie doch über keine Einkünfte verfügte und die Rücklagen bald aufgebraucht wären?
Eines Tages nahm sie allen Mut zusammen und sprach in der Schankwirtschaft vor, in der sie schon einmal gearbeitet hatte. Tyr würde, wenn er davon erfuhr, mit diesem Schritt gewiss nicht einverstanden sein. Die Kneipe war, wie sie sich zuvor dargestellt hatte: Ein verrauchtes und verruchtes dunkles Gebäude in einer Seitenstraße in der Nähe des Hafens. Ab und zu wurde ein Zecher in der Dunkelheit überfallen und seiner Habseligkeiten beraubt. Mancher trieb anderntags auch tot im stinkenden Brackwasser. Der Wirt erinnerte sich des Fleißes und der Zuverlässigkeit der jungen Frau und war bereit, sie wieder zu beschäftigen. Brigid nahm die Arbeit an, doch fiel sie ihr schwerer als damals. Als der Wirt merkte, dass sie schwanger war, wollte er sie am liebsten entlassen, doch seine Frau hielt ihre schützende Hand über sie.
„Sie bleibt, verstehst du? Ich werde nicht zulassen, dass du sie vor die Tür setzt. Andernfalls räumst du hier selber auf, bleibst auf deinem Mist sitzen. Verstanden?"
Wieder spürte Brigid die verschworene Solidarität, die Frauen in Notlagen einander helfen ließ – wie damals bei Hallgrim. Was mochte die Frau des ermordeten Agmundr nach Tyrs und ihrer Flucht erlebt haben?
In der Schankwirtschaft am Hafen verkehrten als Stammgäste vornehmlich Schiffer und Matrosen, eine lärmende, unberechenbare Gesellschaft, die oft dem Met mehr zusprach, als ihr bekömmlich war. Einige, die die Meere gekreuzt und nun Anker geworfen hatten, erinnerten sich noch an Brigid und machten ihr johlend zweideutige Angebote. Einstmals hatte Tyr die aufdringlichen Zecher in die Schranken gewiesen, ja, mehr als einmal sogar den Dolch zur Abschreckung aus dem Wams

gezogen. Jetzt sah sich Brigid den anzüglichen Reden schutzlos preisgegeben. Einer der Kapitäne, ein sonst ruhiger und besonnener Mann, schlug, wenn es ihm zu bunt wurde, mit der Faust auf den Tisch und bat sich etwas mehr Ruhe aus. Für ein paar Sekunden ebbten die Geräusche tatsächlich ab, aber dann schwollen sie umso heftiger wieder an. Einer wollte dem Kapitän an die Gurgel, weil er sich als Moralapostel aufspiele, doch ein Faustschlag streckte den Herausforderer zu Boden. Der Kapitän verschaffte sich auf diese Weise Respekt. Vor allem aber forderte er die grölende Meute auf, die junge Schankmagd in Frieden zu lassen. Brigid dankte ihm von Herzen.

Es stellte sich heraus, dass der Kapitän ein Schiff befehligte, das einmal im Halbjahr zwischen der aufstrebenden Stadt Haithabu und der „grünen Insel" hin und her fuhr. Der Gedanke, der geliebten Heimat plötzlich so nahe zu sein, löste in Brigid einen Freudentaumel aus. „Du kannst, wenn du willst, bei der nächsten Überfahrt dabei sein", bot ihr der Schiffsführer an. „Über die Passage werden wir uns schon einig werden."

„O, ja, ich danke dir für dein Angebot", rief sie überschwänglich. „Übermorgen, nein, morgen werde ich dir Bescheid geben."

Doch dann dachte Brigid an Tyr. Wo er wohl war? ‚Melde dich doch, oder komm bald zurück!', dachte sie wohl hundertmal am Tag. Wie konnte sie nur mit dem Gedanken spielen, ihn zu verlassen! Nein, das würde sie ihm und sich nicht antun. Sie bekämpfte tapfer die Sehnsucht nach der geliebten Heimat, deren grüne Auen und blaue Gewässer übermächtig vor ihrem geistigen Auge erschienen. Nein! Ihr Platz war hier, in Haithabu, und hier würde auch bald ihr Kind zur Welt kommen. Sie musste den heißen Wunsch, endlich nach Hause zurückzukehren, aus ihrem Herzen streichen.

Es kam nicht oft vor, dass der Abt die Werkstätten inspizierte. Er verließ sich auf seine Mönche als einen Kreis treuer Mitarbeiter, die die ihnen gestellten Aufgaben nach bestem Können verrichteten. In den letzten Tagen ließ er sich jedoch etwas häufiger in der Schreibschule sehen, wo Kevin und Munchin über einem kostbaren Werk saßen, das von einem Provinzkönig in Auftrag gegeben worden war. Sie hatten ihre Arbeitsplätze nebeneinander. Kevin schrieb den lateinischen Text mit großer Sorgfalt Reihe für Reihe in herrlichen Minuskeln, Munchin gestaltete die Initialen, gab ihnen Schwung und Eleganz und setzte sie in Farben. Auch wo ein neues Kapitel begann oder eine Textseite nicht auf der unteren Linie abschloss, schmückte er das Werk mit Tieren oder Pflanzen, mit Linien, Bändern, Spiralen und Ornamenten. Wenn der Abt den beiden Mönchen über die Schulter schaute, durchströmte ihn eine Welle der Freude. Die Harmonie von Text und Illumination ließ sein Herz höher schlagen, spürte er doch, dass die Natur nicht kopiert, sondern von ihrem Wesen her verstanden und aus innerem Erleben gestaltet worden war.
Die beiden Mönche waren wahre Meister, durchaus in der Lage, mit den großen Klosterstätten Clonard, Clonmacnoise, Durrow – „Ebene der Eichen“ – und Bangor in Konkurrenz zu treten, deren Scriptorien einen bis aufs Festland reichenden Ruf genossen. Eine so ausgefeilte und überzeugende Gestaltung des Pergaments erwartete man wahrscheinlich von den Schreibmönchen in Molana nicht, umso mehr schätzte Comgall ihre Kunst. Über die Zusammensetzung der Farben wahrten die Mönche meist Stillschweigen. Sie hatten ihre eigene Rezeptur entwickelt, die Lehrzeit in anderen Klöstern fortgeführt und durch eigene Erfahrungen ergänzt. Sie experimentierten auch weiterhin, um die roten, gelben, grünen und blauen, die weißen und schwarzen Farbmittel zu mischen, um den gewünschten Effekt zu erzielen. Auch Bindemittel waren wichtig. Es gab Fischleim und Eiklar, das dadurch gewonnen wurde, indem

man ein Ei schaumig schlug und die sich am Boden absetzende Eiklära abschöpfte. Manchmal gelangte auch ein Universalbindemittel in die Scriptorien, ein Pflanzensaft, der aus dem „gummi arabicum“ stammte.
Der Abt liebte besonders Ultramarin und Azurit, ein Blau, das ihm den Himmel öffnete in seiner durchscheinenden Weite und Leichtigkeit, während das Rot ihn an Märtyrerblut erinnerte und die konkrete Gegenwart beschwor. Er sah die hingemordeten acht Mitbrüder, die nun unter einer Steinplatte zu Füßen des Altares ruhten. Dieses Bild vermochten auch das Malachitgrün und der Grünspan nicht zu verdrängen, die in den Darstellungen auf den Buchseiten doch Hoffnung ausdrücken sollten.
Munchin war gerade dabei, eine Abschlussseite des Pergamentkodex zu gestalten, als Abt Comgall ihm über die Schulter schaute.
„Warum bevorzugst du einen Drachen mit drei Köpfen, Munchin? Sie sehen so verwegen aus mit ihren aufgerissenen Mäulern. Eine Maus oder eine Eidechse stellten ein versöhnliches Bild aus dem Tierreich dar, doch hier? Ich habe den Eindruck, dass mich diese Art bedroht.“
Der Mönch stand auf, weil der Abt mit ihm sprach. „Es soll ein Bild der Warnung sein, Vater Abt. Der Drache – das ist das Symbol des Bösen, des Bedrohlichen und Gefährlichen. Die Wikinger überziehen unser Land mit Zerstörung und Tod. Auch wenn in unserem Gebiet im Augenblick Ruhe zu herrschen scheint, so sollten wir die Gefahr nicht vergessen, in der wir schweben. Deshalb der Drache und nicht das kecke Mäuschen.“
Sitzt die Angst in meinen Männern also doch tiefer, als ich es angenommen habe, dachte Comgall. Er beugte sich über das Blatt, um die Zeichnung aus unmittelbarer Nähe zu betrachten. Munchin hatte seinen Empfindungen freien Raum gelassen. Dieser Drache war ein Abbild des Schreckens. Eine ähnli-

che Abbildung hatte der Steinmetz, der das Hochkreuz von Moone geschaffen hatte, ebenfalls als Bild für die Bedrohung durch die Wikinger auf der Nordseite in den Schaft gemeißelt. Comgall freute sich gerade bei den Mönchen der künstlerischen Werkstätten, die Einheit von Arbeit und Gebet beobachten zu können. Natürlich war auch die Tätigkeit in der Mühle, im Stall, auf den Feldern, in der Schreinerei, Schneiderei und Schmiede von Wichtigkeit. Je größer die Mönchsgemeinschaft wurde, umso mehr Berufe entstanden, die zu ihrem Unterhalt und ihrer Versorgung beitragen mussten. Das Schreiben, Kopieren und Illuminieren der Texte war Lebensinhalt, war wie Gottesdienst. Unter ihren geschickten Händen entstanden Ritualbücher, Evangeliare, Psalmbücher und Breviere. Mit welcher Liebe und Begabung zur feinsten künstlerischen Ausgestaltung gingen die Mönche ans Werk! Das Schreiben nahm in manchen Konventen eine solche Vorzugsstellung ein, dass der Abt zuweilen als „Scriba“, Schreiber, bezeichnet wurde. Wie durch ein Wunder waren mancherorts die herrlichen Beispiele sorgfältig geschriebener mit leuchtenden Illuminationen versehener Evangelienbücher der Zerstörung durch die Wikinger, die die großen Kulturzentren immer wieder ausplünderten und verbrannten, entgangen. Das berühmte „Buch von Kells“, eines der schönsten seiner Art, das wahrscheinlich auf Iona entstanden, aber nach der Flucht der Mönche auf die „grüne Insel“ gebracht worden war, konnte in Kells nur überdauern, weil es in einer verborgenen Dachzelle des steinernen Columba-Hauses untergebracht worden war.
Auch der Goldschmiedewerkstatt galt der Besuch des Abtes. Der Mönch Cummian Fada ließ sich nicht gern auf die Finger sehen, jedenfalls behauptete er immer wieder, seine Hände fühlten sich dann wie erstarrt an. Es blieb jedoch nicht aus, dass Comgall der Einkäufe von Gold, Silber, Bronze, Kupfer und anderer Edelmetalle wegen sich einen Überblick über die Vorräte verschaffen musste und sich dabei am Glanz der Edel-

steine, Perlen und Korallen und an der Verwendung von Gemmen, Niello und Email erfreute. Cummian Fada konnte ausgezeichnet feilen und sägen, löten und nieten, schleifen und polieren, und er beherrschte alle Techniken der Verarbeitung.

Als Findbar erfuhr, dass der abgeblasene Wikingersturm mit einem Gefangenen geendet hatte, verschlug es ihm zunächst die Sprache.

„Habe ich es dir nicht gleich gesagt, dass Fursa der rechte Mann ist, um uns gegen die Nordmänner zu helfen?“, brüstete sich Brenach. „Nun hat er seine Geschicklichkeit bewiesen, und du bist so betreten, dass du nicht einmal ein Wort herausbringst.“

„Ich habe nicht damit gerechnet, dass wir einen Krieger fangen.“

„Und warum dann die Fallgrube im Wald in der Nähe der großen Eiche? Davon habe ich dir doch erzählt, als ich dir Fursas Vorzüge anpries.“

„Das war doch damals noch Theorie“, meinte Findbar. „Das habe ich nicht ernst genommen. Ein bisschen Aufschneiderei gehört ja auch dazu, dachte ich, wenn man den Helden spielen muss.“

„Muss? Fursa ist ein Held!“

„Na ja, er ist ein Held, zweifelsohne. Wir verdanken ihm viel.“

Brenach ließ einen langen befreienden Seufzer hören.

„Aber was ich sehr merkwürdig finde, ist, dass die Wikinger ihren in die Grube gestürzten Stammesangehörigen nicht selbst herausgezogen haben. Sie sind doch nicht einzeln, sondern in zwei geschlossenen Reihen vorgerückt, habt ihr erzählt.“

Brenach wurde nachdenklich. „Du hast recht“, sagte er. „Wenn sie neben- und hintereinander gelaufen sind, können sie Tyrs Malheur nicht übersehen haben.“
„Entweder stand er am äußersten Rand, sodass der Nebenmann seinen Sturz in der Dunkelheit nicht bemerkte, oder er hat einen Alleingang geplant.“
Brenach dachte nach. „Dann spricht vieles für den Alleingang. Denn sonst hätte Tyr durch Geschrei auf sich aufmerksam machen können. Als Fursa ihn entdeckte, hörte er nur ein leises Fluchen.“
Findbar schlug sich auf die Schenkel. „Dass ich nicht gleich darauf gekommen bin!“
„Worauf?“
„Vielleicht waren die Wikinger froh, dass sie ihn auf so billige Weise losgeworden sind“, entfuhr es ihm.
„Meinst du? Das ist nicht dein Ernst! Wer gibt denn schon freiwillig einen Kameraden und Mitstreiter auf? Das ist nicht Wikingerart.“
„Das mag sein, Bruder. Aber vielleicht lag er mit seinen Landsleuten im Clinch.“
Als Brenach erzählte, welches Gespräch Fursa kürzlich mit dem Gefangenen geführt hatte, dämmerte es den beiden. War es die Sorge um das Seelenheil des erschlagenen Vaters, die Tyr umtrieb? Möglicherweise hatte ein Angehöriger aus der Familie des Gegners mit im Boot gesessen oder kämpfte im selben Verband, und Tyr suchte nach einer Gelegenheit, sich zu rächen.
„Jetzt kann ich mir vorstellen, warum niemand nach dem vermissten Krieger gesucht hat“, meinte Brenach. „Der arme Kerl kann einem leid tun.“
Findbar warnte vor voreiligen Schlüssen. Die Wikinger seien im Grunde barbarische und grausame Kämpfer, die alles niedermetzelten, was sich ihnen in den Weg stelle. Mitleid sei hier der falsche Weg. Doch könne man dem Gefangenen die eine

oder andere kleine Gunst erweisen, indem man ihm zum Beispiel zweimal am Tag etwas zu essen brächte.
„Das stellt uns vor noch größere Probleme“, seufzte Brenach, der wusste, auf welch ausgeklügelte Weise Fursa an die kläglichen Mahlzeiten im Refektorium kam und wie schwer es hielt, die Mitbrüder, die vor einem geplünderten Teller saßen, zu überzeugen, dass ihnen der Himmel näher sei, wenn sie das Opfer des Verzichtes auf sich nähmen. Hauptsache, Abt Comgall erfuhr nicht, was hinter seinem Rücken vorging.
Brenach und Findbar waren sich im Klaren darüber, dass die Entdeckung des Gefangenen durch die Klosterleitung, sei es nun durch Zufall oder durch Verrat, den Abt nicht von einer Strafsanktion entbinden konnte. Einen Menschen wider Willen festzuhalten, galt als schwere Sünde, auch wenn es sich um den Angehörigen eines feindlichen Volkes handelte. Fursa wäre wohl noch schwerer betroffen als sie beide, doch da er dem Konvent der Mönche von Scattery Island angehörte und nur für eine gewisse Zeit ausgeliehen war, musste Comgall die Bestrafung seinem Amtsbruder Erc anheimstellen. Erc würde die Verdienste Fursas um die Abwehr der Wikingergefahr auf seiner Insel mit ins Kalkül ziehen – und hoffentlich beide Augen zudrücken. Die beiden Mönche suchten Fursa im Klostergarten auf, wo er mit dem Koch gerade über den Reifegrad der Früchte diskutierte.
„Habt ihr euch auf Scattery Island auch an die strengen Bußbücher gehalten? Und sind sie oft angewendet worden?“, erkundigte sich Findbar wie zufällig und zog Fursa beiseite.
„Und ob!“, rief Fursa. „Ich habe ihre Härte zweimal zu spüren bekommen. Einmal bin ich beim nächtlichen Chorgebet eingenickt, und der Abt hat es gesehen.“
„Und was geschah dann?“
„Ich bekam sechs Schläge zur Ermunterung auf mein Hinterteil“, brummte Fursa, aber er brummte so gutmütig, dass man davon ausgehen konnte, dass der Schmerz wohl keine bleibenden Schäden hinterlassen hatte.

„Und das andere Mal?“
„He, was soll das? So fragt man Leute aus, was?“ Fursa gab Findbar einen Klaps in den Nacken. „Hast du nie Strafarbeiten auferlegt bekommen?“
„Nein, aber ich fürchte, ich werde den Kelch bald leeren müssen, wenn Abt Comgall unseren Gefangenen entdeckt.“
Fursa lachte so schallend, dass Brenach um Mäßigung bat.
„Also, wer eine Seele aus der Hölle retten musste, wird auch mit einer solchen Entdeckung fertig.“
„Wie, du musstest ...“ Jetzt waren Brenach und Findbar ganz Ohr.
„Ja, ich musste ein Jahr lang täglich 365 Vaterunser beten, 365 Kniebeugen machen und täglich einen Geißelhieb aushalten.“
„Mein Gott, was hattest du denn angestellt?“, rief Findbar.
„Beten ist doch keine Schande, oder?“, lenkte Fursa ab und kratzte sich am Kinn. „Ich gehe davon aus, dass eine Seele dank meiner Hilfe nun Himmelsfreuden genießt, statt in der Hölle zu schmoren.“
Die Mönche schwiegen und starrten vor sich hin. Je nach Schwere eines Falles und Unterscheidung nach Kleriker- und Laienmönchen hatten die Delinquenten nach den Vorschriften der „Bußbücher“ für bestimmte Vergehen stundenlang mit ausgebreiteten Armen im kalten Wasser zu stehen, auf Brennnesseln oder Nussschalen zu schlafen oder sich neben eine Leiche ins Grab zu legen. Als Fursa auf diese letzte und wohl schwerste Strafe zu sprechen kam, schlugen die beiden Freunde ein Kreuz und schüttelten sich. Nicht grundlos schrieb ein Konventuale einmal an den Rand des Strafregisters: „Hart bist du, o Bußbuch!“ Ja, mancher Mönch entschloss sich, die klösterliche Abgeschiedenheit mit ihren strengen Regularien zu verlassen und im Verbund mit anderen Missionaren aufs Festland überzusetzen, um dort die Frohe Botschaft zu verkünden.

Der Verdacht, Tyr könne möglicherweise von seinen Kameraden bewusst im Stich gelassen worden sein, erforderte zwingend eine neue Verhaltenstaktik im Falle eines erneuten Wikingerüberfalls.
„Lasst uns nach Möglichkeit noch heute Nacht darüber miteinander in Ruhe reden", schlug Findbar vor. „Hier draußen kann uns jeder sehen, und wir machen uns ohnehin verdächtig, weil wir dauernd die Köpfe zusammenstecken."
Um nicht aufzufallen, entschieden sie, nach den Vigilien im Gotteshaus zu bleiben und so lange zu warten, bis sich die letzten Mönche im Dormitorium zur Ruhe gelegt hatten. Unmittelbar danach wollten sie den Gefangenen aufsuchen und ihn nach dem möglichen Streit mit seinen Kameraden befragen. Der Verbleib in der Kirche machte sie nicht auffällig, denn manche Mönche beteten noch eine Weile in persönlichen Anliegen oder auf Wunsch der Menschen, die in der Nachbarschaft des Klosters wohnten, wenn sie durch Krankheit oder andere Schicksalsschläge in Not geraten waren oder eine wichtige Entscheidung anstand.
Fursa hielt die Vermutung, Tyr sei von den Wikingern bewusst zurückgelassen worden, zunächst für wenig glaubhaft. Je länger er aber darüber grübelte, umso wahrscheinlicher kam sie ihm vor. Warum er nur nicht selbst auf diese Möglichkeit gekommen war! Er drängte die Mitbrüder, möglichst rasch aufzubrechen. Jetzt war die Küche leer und der Griff in die Speisekammer leicht. Wahllos stopfte Fursa ein paar Lebensmittel in die Tasche. Dann machten sich die drei auf den Weg. Nächtliche Gänge behagten den Männern nicht. Die Nacht gehörte den dunklen Mächten, auch den Feen und Kobolden, den Fir Bolgs und Leprechauns. Das Christentum hatte den Glauben an die Kräfte der Anderswelt nicht verdrängen können. Der Wald stöhnte. Die Eichen knarrten im Wind. Jeder Baum hatte ein eigenes Gesicht, das Sterbliche tagsüber nicht wahrnehmen konnten. Die Nacht jedoch zog den Schleier des

Unsichtbaren zurück und ließ das vom Alter zerfurchte Antlitz der mächtigen Stämme erkennen. Brenach schritt voraus und trug eine Laterne, damit sich die Füße im Dickicht und in den Wurzeln sowie in den selbst gelegten Fallstricken nicht verfingen.
Als sie die Tür zur Waldhütte öffneten, stand Tyr mit gespreizten Beinen kampfbereit auf seinem Lager. Zunächst konnte er im blendenden Licht nicht erkennen, wer sich vor ihm befand, doch als Fursa seinen Namen rief, ließ er die Arme sinken.
„Wen hast du denn um diese Stunde erwartet, dass du dich verteidigen wolltest?", fragte der Mönch lächelnd.
„Niemanden", kam es trotzig zurück. „Bisher bist du oder dein Freund immer nur erschienen tagsüber. Wie sollte ich da jetzt nicht sein vorsichtig? Was ihr habt vor? Wer ist dritte Mann dort?"
Fursa stellte ihm Findbar vor, vor dem er sich nicht fürchten müsse.
„Fürchten? Ich mich fürchte vor niemandem."
„Wirklich nicht? Nimmst du dich am Ende nicht vor deinen eigenen Leuten in Acht?"
„Meine Leute? Nein! Warum ich sollte? Wenn sie mich entdecken hier und befreien, es geht euch schlecht."
„Da bin ich mir nicht so sicher. Aber dir geht es womöglich an den Kragen."
„Wieso? Was bedeutet Kragen?"
Fursa antwortete nicht gleich, sondern bedeutete Tyr, sich wieder zu setzen. Dann reichte er ihm Brot, Käse und einen geräucherten Fisch. Gierig biss der Wikinger in das Brot.
„Etwas stimmt nicht mit dir", nahm Fursa den Gesprächsfaden wieder auf. „Du hast uns etwas verheimlicht, das wir wissen sollten."
„Ihr habt mich genommen gefangen."
„Gefangen genommen", verbesserte Findbar. „Andersherum, versteht du?"

„Nicht andersherum. Ich bin euer Gefangener, nicht ihr der meinige.“
„Lass es gut sein, Findbar“, rief Fursa und wandte sich dann an den Wikinger. „Er meint, du solltest die Worte umstellen. Gefangen genommen – nicht genommen gefangen.“
„Ist das so wichtig?“, brauste Tyr auf. „Also gut, ihr habt mich gefangen genommen. Du kennst meinen Namen. Ich habe dir erzählt, dass mein Vater wurde ermordet. Hatte Widersacher. Neider. Wurde auch ermordet wegen seiner Macht. Und wegen einer Frau. Einer sehr jungen Frau. Heimtückisch, eine schlimme Sache! Das ist meine Geschichte.“
Findbar und Brenach blieben im Hintergrund, während Fursa mit Tyr sprach. Das Licht erhellte die Waldhütte nur wenig. Die Schatten der Männer zeichneten sich vergrößert an den Holzwänden ab.
„Es ist uns unverständlich, warum deine Genossen dich nicht aus der Grube befreit haben, sondern ohne dich abgezogen sind. Uns drängt sich nun der Verdacht auf, dass sie dich bewusst zurückgelassen haben.“
„Wer das sagt?“ Tyr sprang wieder auf. Er ballte abermals die Fäuste stand breitbeinig vor Fursa.
„Bleib ruhig und nimm wieder Platz“, sagte der Mönch. Tyr gehorchte.
„Sie nicht haben bemerkt, dass ich ging in eure hinterhältige Falle.“
„Sie hätten es aber bemerken müssen“, schaltete sich Brenach ein, „denn deine Kameraden waren in unmittelbarer Nähe.“
Tyr schwieg einen Augenblick. Er suchte nach Worten.
„Soll ich dir sagen, wie es gewesen ist?“ Fursa beugte sich über den Gefangenen. „Einige deiner Leute waren froh, dich auf diese Weise los zu werden, weil du ihnen auf den Geist gegangen bist mit deinen Racheplänen. Jetzt verstehe ich auch, warum euer Anführer die Angreifer zurückgepfiffen und nicht weiter vordringen lassen hat.“

„Das stimmt“, gab Tyr zähneknirschend zu. „Vali hat abgebrochen die Attacke, als er sah, wie ich es hatte abgesehen auf Hödur und seine Brüder. Das die Söhne des gemeinen Mörders meines Vaters. Mit einem von den dreien aus dem Nachbarboot ich wäre fertig geworden. Habt ihr geglaubt tatsächlich, ein paar Stricke hätten abhalten können unseren Angriff?“
„Du stellst die Worte noch nicht richtig“, rügte Findbar.
„Wie nicht richtig? Ich habe gelernt eure Sprache. Es gibt Gefangene aus Irland im Land der Nordmänner. Sprichst du meine Sprache, he? Lerne sie, dann wir werden weiterreden.“
„Ist ja gut, Tyr“, beschwichtige Fursa den Wikinger und warf Findbar einen missbilligenden Blick zu. Was Tyr eben gesagt hatte, ließ die Ereignisse des Überfalls in völlig neuem Licht erscheinen. Nicht die Abwehrmaßnahmen der Mönche, sondern der interne Konflikt zwischen zwei rivalisierenden Wikingersippen hatte den Rückzug der Krieger in erster Linie ausgelöst.
„Gab noch einen Grund“, fuhr Tyr fort. „War Suche nach Schatz in Höhle neben großer Eiche. Schatz war verschwunden.“
„So? Was meint er denn?“, wandte sich Brenach an Findbar.
Findbar hob die Schultern. Fursa erschrak, denn nur er wusste ja von der Himmelsscheibe, die hier zweifelsfrei gemeint war, dann lenkte er das Gespräch schnell auf ein anderes Thema.
„Du hast mir deinen Freund von Scattery Island wohl doch etwas zu schillernd geschildert“, zischte Findbar Brenach zu. „Die Wikinger sind nicht so dumm, auf Fursas Tricks hereinzufallen.“
Brenach stieß dem Freund den Ellenbogen in die Seite und antwortete nicht.
Halt! Brenach schlug sich mit der flachen Hand gegen die Stirn. „He, Tyr, was hast du da eben gesagt? Dein Vater – ermordet wegen einer Frau?“
Tyr antwortete nicht gleich. Er schob sich das letzte Stück Käse in den Mund und kaute umständlich.
„Nun, ich habe dich etwas gefragt. Wird‘s bald?“

Tyrs Stimme klang heiser. „Vater war schon einmal hier. Etwa vor zwei Jahren."
„Wie – hier? Gehörte er …"
„Ja. Er hat niedergebrannt das Kloster und Mönche gemordet."
„Und unseren Klosterschatz geraubt, wie?" Findbar packte Tyr und drehte seinen Kopf so, dass sein Gesicht vom Schein der Lampe erhellt wurde.
„Ja", sagte Tyr monoton. Und nach einer Weile: „Seine Leute haben erschlagen außerdem eine Bauersfrau und junge Tochter geraubt."
„Herr des Himmels!", schrie Brenach. Das Mädchen heißt Brigid! Die Bauern haben nach ihr gesucht, weil sie dachten, sie wäre den Räubern entkommen. Doch sie war spurlos verschwunden."
„Mein Gott, die Brigid!", Findbar suchte nach Worten.
„Wir sie nannten Ginnlaug, nicht Brigid."
„Ginnlaug? Quatsch! Brigid hieß sie, du Dummkopf!"
„Vater nannte sie Ginnlaug. Ein berühmter Wikingername. Er wollte nehmen sie später zur neuen Frau. Doch Ginnlaug wollte nicht. Mutter Hallgrim auch nicht."
„Das kann ich mir denken. Wer wird denn auch ein so scheußliches, stinkendes Scheusal von Wikinger zum Mann nehmen?"
Findbar fing einen vorwurfsvollen Blick Fursas ein. „Du vergisst dich, Bruder, du vergisst, weshalb du Christ und Mönch geworden bist."
„Entschuldigung", stammelte Findbar und legte Tyr die Hand auf die Schulter.
„Nun klärt mich erst einmal auf!", rief Fursa. „Was hat es mit dieser Brigid auf sich? Ich kann mir keinen Reim darauf machen, was damals weiter geschehen ist."
Die beiden Mönche erläuterten in wenigen Worten, was sich neben dem Überfall auf Molana noch ereignet hatte. Fursa pfiff durch die Zähne. Dann gab er dem Gefangenen ein Zeichen, weiterzuerzählen.

Tyr fuhr fort: „Dann kam Rivale. Solvi. Ein anderer Häuptling. Wollt auch junge Frau. Es fielen heftige Worte. Schließlich dann der heimtückische Mord auf dem Thing. Hinterhalt. Der Pfeil traf Vater ins Herz. Ich muss rächen Vater Agmundr. Hödur oder einer seiner Brüder muss sterben."
„Nur langsam, mein Freund", rief Fursa. „So weit sind wir noch nicht."
Wo ist Brigid – Ginnlaug – jetzt? He?", fragte Findbar.
„Sie bei mir lebt. Mein Haus ist gastlich. Ich ehre Gäste."
„Mach mir nichts vor, du Halunke. Sie ist deine Gefangene. Was hast du mit ihr gemacht?"
Tyr reckte sich. Er nahm eine stolze Haltung an. „Sie ist geworden meine Frau."
„Das ist nicht dein Ernst!", polterte Brenach los. „Sie ist mit dir verheiratet? Aber nicht freiwillig, oder? Du hast sie gezwungen, nicht wahr?"
„Nein, nein, kein Zwang. Sie hat sich verliebt, ich habe mich verliebt. Wenn Odin will, bald kommt ein Kind."
„Du Ausgeburt der Hölle! Du hast sie vergewaltigt oder ihr ein Liebeskraut verabreicht. Wer wird schon einen dreckigen Wikinger heiraten, dessen Stamm zuvor die Mutter Brigids erschlagen und den Hof niedergebrannt hat?"
Jetzt mahnte Fursa Brenach zur Mäßigung.
„Unglück kann Segen werden", sagte Tyr und senkte den Blick. „Alles wird gut."
„Das wird sich erst zeigen", zischte Brenach.
Jetzt kam es darauf an, dass Fitbrain schnellstens erfuhr, dass seine Tochter noch lebte und freiwillig oder gezwungenermaßen die Frau eines Wikingers geworden war. Halt! Dann würde auch das Schicksal des Gefangenen in seinem Waldversteck zur Sprache kommen... Das würde zwangsläufig zum Konflikt mit dem Abt führen. Doch es bestand nun allerdings auch kein Grund mehr, Tyr länger als Geisel oder Garant für den Frieden festzuhalten.

Einige Tage danach bat der Mönch Moluag von Molana um Audienz bei Abt Comgall. Normalerweise war es keine Schwierigkeit, mit dem Klostervorsteher zu sprechen, man konnte jederzeit zu ihm kommen, doch Moluag brauchte wohl etwas mehr Zeit für seinen Vortrag, denn er war der Koch des Klosters. Der Abt bat ihn in seine Zelle und bot ihm einen Platz an. Der Raum war klein und mit einem Tisch, einem Stuhl, einem Haken an der Wand für das Sonntags- und Alltagsgewand sowie mit einem Kreuz ohne Korpus ausgestattet. Im Gegensatz zu den anderen Mönchen, für die nur Gemeinschaftsräume zur Verfügung standen und die im Dormitorium auf Strohsäcken schliefen, wurde dem Abt von Molana ein eigenes bescheidenes Zimmer zugestanden.
„Also, was hast du auf dem Herzen, lieber Moluag. Fehlt es dir an Mehl und Fisch für die Küche? Unser Konvent ist gewachsen, und wir werden bald das 60. Mitglied unseres Klosters willkommen heißen. Da ist genaue Planung vonnöten. Also, woran mangelt es?"
Moluag rutschte auf dem Stuhl, der ihm angeboten worden war, unruhig hin und her. „Es ist nicht wegen der Haushaltsführung, hoher Herr. Die Mahlzeiten sind gut bemessen und niemand muss Hungers leiden. Doch seit geraumer Zeit muss ich leider beobachten, dass mir in der Vorratskammer ständig etwas fehlt."
Der Abt blickte seinen Koch ungläubig an. „Wie darf ich das verstehen? Ist die Mäuseplage in diesem Jahr so groß?"
„Nein, nein, Vater Abt, es sind nicht die Mäuse, die mir zu schaffen machen, sondern es ist einer unserer Mitbrüder, der …"
Der Koch unterbrach seine Rede, um die Reaktion seines Abtes abzuwarten. Comgalls Stirn verfinsterte sich. „Was sagst du da? Einer unserer Mitbrüder? Es erhält jeder genug zu essen, so wie es unsere Regel vorsieht. Schlemmerei dulde ich nicht, das weißt du, aber es soll auch niemand zu kurz kommen."

„Es kommt niemand zu kurz, hoher Herr, denn hat der eine Bruder mehr Appetit als der andere, so wird ihm stets ein Nachschlag gewährt, mit Ausnahme in der Fastenzeit natürlich."
Der Abt nickte zufrieden. „Hast du eine Vermutung, einen Verdacht, wer sich in deine Vorratskammer stiehlt?"
„Einen Verdacht schon, Vater Abt, aber ich bin mir nicht sicher, und deshalb möchte ich keinen Namen nennen."
Comgall nickte. Er erhob sich, blickte aus dem Fenster und dachte nach. Die Heuernte war in vollem Gange. In diesem Jahr stand das Gras besonders hoch. Die Kühe würden gute Milch geben.
„Ich gebe dir die Erlaubnis, dich auf die Lauer zu legen, Moluag", sagte der Abt. „Wenn du den Dieb siehst und erkennst, sprich ihn nicht an, sondern komm vertrauensvoll zu mir und berichte. Ich werde dann entscheiden, was zu tun ist. Diebstähle werde ich nicht dulden. Denn in diesem Falle handelt es sich um Diebstahl und nicht um Mundraub."
Abt Comgall segnete den Klosterkoch und bedeutete ihm, dass er gehen könne. Moluag zog sich ehrerbietig zurück.
Als hätte der Dieb eine Ahnung, dass er beobachtet würde, erschien er in den nächsten drei Nächten nicht. Der Koch hielt vergeblich nach ihm Ausschau. Er dachte schon, dass die Diebstahlserie beendet sei und er wieder ruhig schlafen könne, da öffnete sich um Mitternacht des vierten Tages die Küchentür, und im Schein eines Kienspans erschien ein Mönch, der sich vorsichtig auf die Vorratskammer zu bewegte. Bevor er ihr Eier und Speck und ein halbes Brot entnahm und in einen Korb packte, sah er sich um, ob auch keine Zeugen zugegen seien. Danach verschloss er die Tür und schlich hinaus. Der Koch wusste nun sicher, mit wem er es zu tun hatte. Sein Verdacht hatte sich bestätigt, doch war er enttäuscht, dass es ausgerechnet dieser Mitbruder war, der sich an den Speisen des Klosters verging, ein Mönch, der sich um die Sicherheit des Klosters so große Verdienste erworben hatte.

Moluag wartete zwei Tage, bis er dem Abt berichtete. Auch Comgall konnte seine Enttäuschung kaum verbergen. Doch er durfte den Vorgang nicht einfach auf sich beruhen lassen. Eine ganze Nacht verweilte er im Gebet, weil er sich Vorwürfe machte, dass seine Mönche vielleicht doch zu wenig zu essen bekämen. Fursa war ein großer, stattlicher Mann, stärker als viele seiner Mitbrüder. Wie konnte die Klosterregel davon ausgehen, dass alle, die im Refektorium verköstigt wurden und die gleiche Nahrung erhielten, daraus auch die gleichen Kräfte für ihr tägliches Leben bei Arbeit und Gebet schöpften? Vielleicht brauchte der eine mehr, der andere weniger Milch und Käse, Brot und Buchweizensuppe? Die unterschiedlichen Bedürfnisse konnten denen, die mit weniger Nahrung auskamen, auch ein geringeres Opfer sein als denen, die ständig Hungers litten. Comgall beschloss, Fursa Abbitte zu leisten, auch wenn er gegen die Hausordnung verstoßen hatte.
Was Moluag dem Abt bei der vertraulichen Unterredung verschwieg, war ein Trick, den er in allzu strengen Fastenzeiten schwächlichen Mitbrüdern zuliebe schon mehrfach angewandt hatte: Er hatte eines Tages beobachtet, wie ein altes Kräuterweiblein einen Korb voll Brennnesseln sammelte, und erfahren, dass man aus den Pflanzen eine schmackhafte Suppe kochen könne. Zunächst hatte der Mönch ihr nicht glauben wollen, denn an dieser Speise konnten sich die Menschen doch gehörig den Schlund verbrennen. Doch die Kräuterfrau hatte ihn belehrt, dass die Nessel mit dem Kochen auch ihre Gefährlichkeit verlöre. Moluag bereitete von nun an manchmal nach dem übermittelten Rezept eine Brennnesselsuppe zu. Den klapperdünnen Mitbrüdern rührte er mit Hilfe eines ausgehöhlten Holunderstockes, der ihm als Kochlöffel diente, unbemerkt etwas Sahne in ihre Suppenschüssel. – Ob er diesen Trick beichten musste?

Brenach und Findbar machten sich auf, um Fitbrain aufzusuchen. Es war ein schwerer Gang, vor dem sie sich lange gescheut hatten. Doch sie durften den armen Bauern nicht im Zweifel darüber lassen, dass seine Tochter noch am Leben war. Das erste Hindernis, das sie zu überwinden hatten, war die Erlaubnis zu bekommen, das Gebiet der Abtei verlassen zu dürfen. Abt Comgall war nicht kleinlich, wenn es triftige Gründe gab, einen Dispens zu erteilen. Wenn zum Beispiel eine Scheune auf einer der Klosterwiesen zu reparieren war oder eine Kuh auf den entlegenen Weiden kalbte, bestand kein Grund, die Mönche nicht ziehen zu lassen. Doch er wollte gefragt werden; das war ein Teil der Klosterregel, die auch in Molana strikt befolgt wurde.

„Die Wahrheit können wir ihm nicht sagen", überlegte Brenach. „Wir bekämen die größten Probleme wegen des gefangenen Wikingers."

„Die werdet ihr seinetwegen ohnehin bekommen", warf Findbar ein. „Wenn er erfährt, was ihr angestellt habt, gibt es todsicher eine Menge Ärger."

„So?"

„Ich habe damit eigentlich nichts zu tun. Als ich von Fursa und dir informiert wurde, saß der Wikinger schon in der Falle."

Brenach sah Findbar strafend an. „Ach, so ist das! Du willst also kneifen! Das hätte ich mir denken können. Bist ein schöner Freund. Wer weiß, ob du noch am Leben wärst, wenn wir Tyr nicht gefangen hätten und der Überfall planmäßig durchgeführt worden wäre. Dann lägst du jetzt vielleicht in dieser geweihten Erde und modertest vor dich hin."

„Im Grunde hat alles mit Fursa angefangen, den du uns angeschleppt hast."

„Jetzt hört sich aber doch alles auf!", brauste Brenach auf. „Im Grunde begann alles mit dem Überfall vor mehr als zwei Jahren und unserer Sorge, dass sich solche furchtbaren Ereignisse wiederholen könnten."

Sie stritten noch eine Weile, dann siegte die Vernunft. „Wie wäre es, wenn wir dem Abt die halbe Wahrheit sagen?“, schlug Brenach vor.
„Die halbe?“
„Ja, dass wir uns um Fitbrain sorgten, von dem wir schon eine Weile nichts gehört hätten und einmal nach dem Rechten schauen wollten.“
„Klingt zwar reichlich einfallslos, aber wenn wir keinen besseren Anlass finden, soll's mir recht sein.“
Sie standen im Schatten der Schreinerwerkstatt und lauschten einen Augenblick auf das Geräusch der Sägen und das Klopfen der Hämmer. Die Mitbrüder waren mit den Aufbauten zu einem neuen Altar beschäftigt, der in der Friedhofskapelle seinen Platz finden sollte.
Zögernd machten sie sich auf den Weg zum Abt, der über der Klosterchronik saß. Brenach blieb vor der Tür stehen. Comgall hörte sich das Anliegen an, das Findbar zögerlich und nach Luft ringend vortrug. „Das ist wirklich ein gesunder Einfall, Findbar“, sagte der Klostervorsteher. „In der Tat haben wir von dem Bauern schon lange nichts mehr gehört. Er soll seinen Hof mit Hilfe der Nachbarn nach und nach wieder aufgebaut und seine Wirtschaft wieder in Gang gebracht haben, habe ich mir sagen lassen. Ob der arme Kerl eine neue Frau gefunden hat, ist mir nicht bekannt. Doch warum müsst ihr denn zu zweit zu ihm gehen? Ist es nicht genug, wenn du dich auf den Weg machst?“
„Ach, Vater Abt, wir dachten…“
„So? Was dachtet ihr denn?“
„Nun, wir haben uns überlegt, ob wir ihm nicht etwas Saatgut aus unseren Vorräten mitnehmen könnten. Möglicherweise kann er es gebrauchen. Gleichsam als Gastgeschenk. Unser Vater Benedikt sagt…“
„Ich weiß, was unser Vater Benedikt sagt“, unterbrach der Abt den Mitbruder. „Aber Fitbrain ist doch nicht krank, oder?“

„Nein…, oder doch! Es gab ein Gerücht.“
„So? Auf Gerüchte sollten wir nichts geben, lieber Findbar. Aber da du so beharrlich ein gutes Werk tun willst, erlaube ich dir, Fitbrain aufzusuchen und Brenach als Begleiter mitzunehmen. Lasst euch von Bruder Philippus einige Scheffel Gerste abwiegen und tragt den Sack wechselweise auf euren Schultern. Denn es ist ein schönes Stück Weg zu dem Haus des Fitbrain, und einen Wagen könnt ihr wegen des sumpfigen Ufergeländes nicht nutzen.“ Philippus war der einzige der einheimischen Mönche, der nach einem Apostel Christi benannt war. Findbar bedankte sich, indem er sich wortlos verneigte und rückwärts zur Tür schritt. Der Abt sah ihm kopfschüttelnd nach. Dann vertiefte er sich wieder in die Chronik der Abtei.
„Mein Gott, dümmer hättest du dich wohl nicht anstellen können, was?“, zischte Brenach, als ihm Findbar von der Unterredung mit Comgall berichtete. „Willst du wirklich einen Sack Saatgut zu Fitbrain schleppen? Auf die Möglichkeit, einen Esel als Packtier auszubitten, bist du wohl nicht gekommen, was?“
„Doch. Du wirst mir helfen, so ist es abgemacht“, grinste Findbar. Brenach holte aus, wollte dem Freund eins hinter die Ohren geben, doch Findbar duckte sich blitzschnell, und der Schlag ging ins Leere.
Der Weg zu Fitbrain führte zunächst durch den hohen, dichten Wald, der in vollem Laub stand. Der Gesang der Vögel begleitete sie. Einmal sahen sie eine Fuchsfamilie, die im Sonnenlicht vor ihrem Bau spielte und bei ihrem Erscheinen in der Röhre verschwand, dann gewahrten sie einen Dachs, der im Unterholz herumstöberte und sie nicht zu beachten schien. Ein Hirsch ließ sich am Rand einer Lichtung blicken. Dann wurde das Gelände sumpfig. Der Wald trat mit einem Male zurück und machte Schilf und Röhricht Platz. Der Fluss und damit das Haus des Bauern Fitbrain konnten nun nicht mehr weit sein.
Brenach warf den Sack ins hohe Gras und wischte sich den Schweiß von der Stirn. „Ich gehe keinen Schritt weiter! Einen

so qualvollen Marsch wünscht man seinem ärgsten Feind nicht! Los, Findbar, du gehst jetzt zu Fitbrain und borgst dir ein Pferd aus. Den Rest des Weges kann das Tier das Saatgut schleppen. Und wenn er kein Pferd hat, dann ein Schaf oder eine Ziege. Am Ende soll der Bauer gefälligst selbst erscheinen und tragen helfen."

Findbar knurrte, unterdrückte einen Fluch. Da er jetzt an der Reihe gewesen wäre, den Sack aufzunehmen, er jedoch keine Lust dazu verspürte, machte er sich wortlos auf den Weg. Nach seiner vagen Erinnerung konnte es nicht mehr weit sein.

Nach einer Viertelstunde lag der Hof vor ihm. Er bestand aus einem kleinen Wohnhaus mit angebautem Stall und einer größeren Scheune, deren Tor weit offen stand. Zunächst klopfte Findbar an das Fenster des Wohnhauses, doch drinnen regte sich nichts. Er schaute in die Stube – es schien niemand zu Hause zu sein. Nur die Katze machte einen Satz von der Ofenbank und sauste zwischen seinen Beinen hindurch ins Freie. Zweimal rief der Mönch auf dem Hof laut nach Fitbrain, doch niemand antwortete. Als er die Scheune betrat, meinte er unter dem Dachfirst ein Geräusch zu hören. Es war ihm, als ob Stroh beiseitegeschoben würde. Findbar sah eine Leiter, die an einen Balken angelehnt war, und stieg auf den Dachboden hinauf – da erblickte er den Bauern. Er hob überrascht den Kopf und starrte den Besucher irritiert an. In seinem wirren Haar hing Heu. Er war nicht allein. Neben ihm lag, nur notdürftig bekleidet, eine Frau, die Magd, wie es schien. Der Mönch sah ihre großen vollen Brüste, die sie schnell mit dem Saum ihres Kleides bedeckte, und ihre strammen Schenkel, die wie Elfenbein schimmerten. „Herr des Himmels!", rief Findbar und fiel fast die Sprossen hinunter. „In welchen Sündenpfuhl bin ich geraten!" Findbar schlug ein Kreuz. Fitbrain rappelte sich auf, zog die Hose hoch und band ein Hanfseil um die Hüften. Betreten stieg er zu dem Mönch hinab. „Nicht, dass Ihr mich falsch versteht, hoher Herr", begann der Bauer, „es ist nicht so, wie Ihr denkt."

„Ich denke gar nichts, Fitbrain, denn ich habe mit eigenen Augen gesehen, was du am helllichten Tag auf Gottes schöner Erde treibst."

Der Bauer wand sich wie ein Aal. „Es ist meine Einsamkeit, Herr. Seit vor Jahren meine Frau erschlagen und meine Tochter entführt wurde, habe ich niemanden mehr. Die Magd kommt dreimal die Woche und hilft bei der dringlichsten Hausarbeit."

„Das habe ich gesehen", schnaubte Findbar. „Dreimal die Woche, so, so!" Die Frau kletterte lautlos zu den Männern hinunter. Sie hatte ihre Sandalen in der Hand, warf noch einen scheuen Blick auf den Bauern und schlich wortlos davon.

„Auf alles war ich vorbereitet, Fitbrain, doch nicht auf ein Liebesnest. Geht das schon lange so mit euch?"

„Nein, ja, nein, nicht so lange, wie Ihr denkt", stotterte der Bauer.

„Ich denke gar nichts. Ich stehe wie unter Schock. Diese Frau, dieses Geschöpf, diese …"

„Ja, sie bringt einen Mann um den Verstand, hoher Herr."

„Schluss jetzt! Schluss, verstehst du? Denke nicht mehr an sie, denn sie verdreht den Männern den Kopf." Dann wechselte Findbar das Thema. „Ich bin gekommen, um dir… Ach nein, jetzt kann ich es dir nicht sagen. Es würde dich verwirren, dich verwirren, hörst du?"

„Was habt Ihr, hoher Herr? Ihr sprecht in Rätseln."

„Was ich habe? Einige hundert Meter von hier liegt ein Kornsack, den Brenach und ich hergeschleppt haben. Doch er wurde uns unterwegs zu schwer. Deshalb bin ich vorausgeeilt, um von dir ein Pferd auszuborgen."

„Ein Pferd? Hoher Herr, ich bin ein armer Bauer, der sich kein Pferd leisten kann."

„Dann hast du gewiss einen Esel oder ein Schaf oder einen Ziegenbock, nicht wahr?"

Der Bauer verneinte. „Ich kann nur mit der Kraft meiner Hände dienen."

„Dann diene uns!“ Findbar zog den Bauern, der die Situation noch nicht ganz erfasst hatte, hinter sich her.
Brenach lag im Gras, die Arme hinter dem Kopf verschränkt. Der Kopf ruhte auf dem Sack mit Saatgut. So blickte er träumend den Wolken nach. Als er die Schritte der Männer hörte, sprang er auf. „Nun, hast du kein Pferd mitgebracht, Findbar?“
„Nur einen alten Bock“, knurrte der Mönch und hieß den Bauern, den Sack aufzunehmen. Fitbrain erwiderte nichts, er gehorchte wortlos und trabte voraus.
„Hast du es ihm schon gesagt, das mit seiner Tochter?“, fragte Brenach leise und hielt den Freund ein paar Schritte zurück.
Findbar verneinte. „Vielleicht ist heute nicht der richtige Augenblick, es ihm zu sagen.“
„Wie meinst du das? Ich denke, es soll eine Freudenbotschaft für ihn sein.“
„Freuden hat er heute schon genossen. Für's erste ist es genug.“
Brenach schüttelte den Kopf. „Du machst ja merkwürdige Andeutungen, was ist denn passiert?“
Findbar erzählte kurz, was er beobachtet hatte. Brenach lachte laut auf. „Und jetzt spielst du den Moralapostel, was? Du entscheidest, was ein ausgewachsener Mann tun darf und was nicht, oder?“
„Du hättest sie mal sehen sollen, diese Frau! Solche Formen! Eine leibhaftige Versuchung!“
„Na und? Du gönnst sie dem Bauern nicht, was? Du denkst, kleine Leute müssen auch kleine, unscheinbare Frauen haben, oder? O mein Freund! Das erweckst ja den Eindruck, als hättest du die Magd selbst gern besteigen wollen.“
„Der Himmel bewahre mich davor!“, rief Findbar und boxte dem Freund in die Seite. Der Bauer sah sich überrascht um.
Auf dem Hof ließ er den Sack zu Boden gleiten.
„Das Saatgut ist ein Geschenk von unserem Abt Comgall, der dich herzlich grüßen und sich nach deinem Befinden erkundigen lässt“, erklärte Brenach.

„Davon, dass es dir gut geht, habe ich mich heute schon überzeugen können“, knurrte Findbar. „Aber wir haben außerdem eine gute Nachricht für dich. Hoffentlich brichst du vor lauter Glück nicht zusammen.“
„Deine Tochter lebt, sie ist nicht tot!“, sagte Brenach. „Sie hat inzwischen einen Wikinger geheiratet und wird bald einem Kind das Leben schenken.“
„Sie lebt …, sie hat …“
Der Bauer stand einen Augenblick wie versteinert da und starrte auf die beiden Mönche, als sähe er eins der Sieben Weltwunder vor sich.
„So viel Glück verdienst du ja eigentlich nicht“, fuhr Findbar fort, „aber da es der Himmel offenbar gut mit dir meint, wollen wir dir zu dieser Neuigkeit gratulieren. Denn du hast eine Tochter, die am Leben ist, dazu einen Schwiegersohn bekommen, und obendrein wirst du oder bist schon Großvater.“
Er ergriff die Hand des Bauern und schüttelte sie. Fitbrain stand noch immer geistesabwesend vor ihnen und konnte die Worte nicht fassen. Dann endlich kam es zögernd aus ihm heraus: „Ist das wahr? Treibt ihr hohen Herren auch keinen Spott mit mir?“
„Hör mal, wir sind Männer des Geistes und damit Männer Gottes. Wir würden dich nie belügen, auch wenn du ein Mann des Fleisches und der Triebe bist.“
Brenach trat Findbar auf die Füße. „Du gehst entschieden zu weit“, rügte er. „Du hast kein Recht, so mit einem Menschen zu sprechen, der dein Nächster ist.“
Beim Wort ‚Nächster‘ zuckte Findbar zusammen. „Verzeih“, sagte er betreten, und er verbeugte sich auch in Richtung des Bauern und sagte: „Verzeih mir, Bruder, verzeih!“

Durch die jüngsten Ereignisse war die Himmelsscheibe aus dem Blick geraten. Selbst wenn Fursa sich auf den Weg zu Tyr machte, hatte er nicht mehr daran gedacht, dass sich das Lager des Gefangenen unmittelbar über dem geheimnisumwitterten Schatz befand. Die ganze Aufmerksamkeit des Mönches hatte der Sicherheit des Wikingers und der Geheimhaltung des Gefangenen vor der Klostergemeinschaft gegolten. Durch Tyrs Bemerkung über den gesuchten, aber nicht gefundenen Schatz in der Höhle neben der Eiche aber erinnerte er sich mit Schrecken an das Versteck. Bei seinen Besuchen in der Waldhütte konnte er bisher keine Veränderungen am Boden feststellen. Aber er hatte oft auch nur einen Blick für die Kette gehabt, mit der Tyr gefesselt war. Heute aber würde er den Boden unauffällig inspizieren.
„Wie lange du willst mich hier noch festhalten eigentlich, he?“, fragte Tyr, als Fursa zwischen Vesper und Komplet in der Waldhütte erschien. Er riss an der Kette, doch der Balken über ihm gab nur ein bisschen Staub ab, und außer dem Geklirr der Glieder blieb alles wie zuvor.
„Wenn du bereit bist, dich taufen zu lassen und ein anständiger Christ zu werden, werden deine Fesseln bald fallen.“ Fursa machte ein ernstes, betretenes Gesicht, als wolle er zum Ausdruck bringen, dass die Gefangenschaft ohne diesen Schritt wohl noch lange dauern könne.
Tyr sah ihn voll Zorn an. „Ich habe getan dir den Gefallen, deine Sprache so zu sprechen, dass Brenach kann zufrieden sein. Von Brigid habe ich vieles gelernt. Nichts Unmenschliches von mir verlang! Würdest du dich taufen lassen, wenn du säßest in einem Wikingerlager gefangen und man dir lassen würde die Freiheit nur unter der gleichen Bedingung?“
Fursa lächelte. „Ich bin einmal getauft worden, und zwar auf den Namen Jesu Christi. Mich abermals taufen zu lassen, käme nie in Frage.“

„Na, siehst du? Du würdest deines Glaubens wegen auch in Kauf nehmen eine weitere Zeit der Gefangenschaft?“
Der Mönch nickte. „Es gibt nichts Ehrenvolleres, als für seinen Glauben zu leiden. Aber dieser Gedanke ist dir fremd. Da der Gottessohn Jesus Christus um der Erlösung der Menschheit willen so unendlich viel gelitten hat, könnte ich durch die längere Verweildauer in der Gefangenschaft einen Teil seines Leidens wieder gut machen.“
Tyr blickte Fursa zweifelnd an. „Du sprichst von Menschheit. Ich auch bin ein Mensch. Meinst du, dieser Jesus habe gemeint auch mich, als er erlösen wollte die Menschheit?“
„Er wird besonders an dich gedacht haben, als er merkte, welches Früchtchen er vor sich hatte.“
„Er hat mich doch nicht gekannt!“
„Sein Erlösungsopfer war nicht nur für seine Zeit gedacht, sondern für alle Generationen nach ihm. Also gehörst du dazu.“
„Aber ich bin doch kein Christ! Muss ich erst Christ werden, damit eintritt die Erlösung?“
Fursa zögerte einen Augenblick. Ganz leicht wollte er es dem Gefangenen nicht machen. Aber ihn länger auf die Folter spannen durfte er auch nicht. Das war unchristlich. Fursa trug ein Buch unter seinem Habit und machte Tyr stolz darauf aufmerksam.
„Was ist das? Ich dachte, meine Sippe hätte euch gestohlen die heiligen Bücher?“
„Nicht alle“, grinste Fursa, „und zudem sind die Mönche in unserem Scriptorium sehr fleißig.“
„Du hast nicht beantwortet mir meine Frage.“
„Schwer zu sagen, wie lange du noch hier aushalten musst. Das liegt zum Teil auch an dir.“
„Wieso?“
„Nun, was machst du mit einem jungen Fuchs, wenn er dir ins Netz geht?“
Tyr dachte einen Augenblick nach. „Ich werde versuchen, ihn zu zähmen.“

„Genau“, rief Fursa, „genau das habe ich mit dir vor!“
„Bist du des Teufels? Willst du mich lehren das Apportieren oder dass ich dir fresse aus der hohlen Hand? Niemals!“
Der Mönch lachte schallend. Eine Reihe kräftiger Zähne schimmerte zwischen seinen vollen Lippen. „Ich möchte dir etwas von uns Mönchen erzählen oder besser von den Vorbildern, nach denen wir uns richten. Denn ihr Wikinger seid ein ungezügeltes, wildes Volk. Wenn ich dich lehre, wie verantwortungsvoll andere Menschen leben oder gelebt haben, wirst du deine Tage möglicherweise sinnvoller verbringen als mit Morden und Stehlen.“
Tyr reckte sich. „Ich bin Krieger!“
„Das war ich auch einmal“, entgegnete Fursa. „Doch siehst du ein Schwert bei mir? Oder einen spitzen Dolch? Ich habe die Kriegswerkzeuge abgelegt und versuche nun, statt meinem früheren Häuptling einem höheren Herrn zu dienen.“
„Dem Herrn, der kein Gesicht hat, sondern der nur Geist ist? Der gezimmert hat den Himmel und die Welt regiert?“
„Er hat Himmel und Erde geschaffen, das ist wahr. Schau her!“ Fursa hockte sich neben den Gefangenen und öffnete das Buch.
„Ich nicht kann lesen“, log Tyr. „Ich weiß, dass ihr habt drei heilige Sprachen, Hebräisch, Griechisch und Latein. In diesen Sprachen jedenfalls waren verfasst die Bücher, die wir – wie ich hörte – aus anderen Klöstern haben erbeutet und von denen die Häuptlinge die kostbaren Einbände mit den Halbedelsteinen und dem goldenen Zierrat entfernten.“
„Eine Schande ist das“, knurrte der Mönch. „In blinder Gier habt ihr heilige Bücher zerstört. Ich will dir nun anhand der ausgemalten Buchstaben und Zeilen und der Bilder erklären, was es mit den großen Männern auf sich hatte, die wir verehren und deren Beispiel wir nacheifern. Denk dir, Scattery Island, wo ich eine Zeit meines kontemplativen Lebens verbracht habe …“

„Was ist das?"
„Verzeih, kontemplativ heißt beschaulich, in Ruhe über etwas nachdenken, verstehst du?"
„Langweilig! Was weiter?"
„Die Mönche haben sich früher immer einsame und abgelegene Plätze ausgesucht, denn in einer unruhigen, hektischen Umwelt konnten sie den inneren Frieden und die Seelenruhe nicht finden."
Tyr dachte darüber nach, was Fursa ihm gerade erklärt hatte, doch fand er keinen Zugang zu den Worten.
Fursa ließ sich nicht entmutigen. „Also, Scattery Island lag mitten im Strom der Einsamkeit, im Shannon, wo nur die Naturgewalten zu den Menschen sprachen. Doch aus Wind, Wellen und Sonnenschein, aus Nebelwänden und Kälteschauern vernahmen die Mönche auch die Stimme Gottes, gleichsam so, als hätten die Ohren noch andere Möglichkeiten der Wahrnehmung als die über die lauschende Muschel. Die Sehnsucht nach Einsamkeit hieß Platz schaffen für Gott. Begreifst du das?"
Tyr blickte Fursa an, als käme er von einem fernen Stern.
„Skellig Michael auf schroffem Felsen und inmitten stürmischer Wellen war einer der entlegensten Vorposten im offenen Atlantik. Auch dorthin zog es die Mönche. Gott zuliebe wollten sie arm sein. Sie lebten in steinernen Hütten, die wie Bienenkörbe aussahen, beteten viel, verzichteten auf jede unnötige Speise und dachten über den Sinn des Lebens nach. Je entlegener der Ort der Niederlassung, ob nun vor der Küste, im Binnenland oder auf Inseln, umso näher war man Gott – das schien eine alte Erfahrung zu sein. Doch selbst auf Skellig Michael tauchten um 820 erstmals deine Landsleute in ihrem Goldrausch auf."
Tyr nickte stolz.
„Werde nicht übermütig", warnte Fursa. „Verbrecher werden zur Buße noch immer nach Skellig Island geschickt, wo ein

mühevoller Pilgerweg auf sie wartet. Mancher ist schon von den schroffen Felsen ins Meer gestürzt."
„Ich kein Verbrecher", rief Tyr, „ich bin ein ein tapferer Krieger und guter Ehemann."
„So ist's recht. Streite nur ab, was du Schlimmes getan hast."
Tyr deutete auf das Buch, das Fursa in seinen Händen hielt. „Das steht alles darin? Auch, dass die Mönche kaum etwas aßen und die Wikinger überfielen das Eiland?"
„Nicht wörtlich, aber dem Inhalt nach. Das Buch enthält Heiligenviten, die Lebensgeschichten frommer Männer."
„Wer fromm ist, ist dumm", behauptete Tyr und klopfte mit dem Zeigefinger auf das aufgeschlagene Buch. „Denn wer nicht isst, kann auch nicht beten oder denken. Dem dauernd hängen die Würste vor der Nase oder ein Stück Schweinespeck. – Was steht denn da?" Der Gefangene fuhr mit dem Finger vorsichtig über einige Zeilen. „Steht da noch etwas von den Wikingern?"
„Nein, das hier ist ein Gedicht."
„Unser Volk auch kennt Gedichte und viele Sagen. Ist das Gedicht von deinem Gott?"
„Nein. Das Gedicht schrieb ein irischer Mönch."
„Lies vor, bitte."

„Ich habe eine Hütte im Wald,
nur mein Gott allein kennt sie.
Eine Esche wächst auf dieser Seite,
auf der anderen ein Haselnussstrauch.
Der große Baum auf dem Hügel beschützt sie beide.
Meine Hütte ist klein, doch nicht gering,
es ist ein Ort der vertrauten Wege.
Eine geringe, bescheidene Hütte
in einem von Pfaden durchwirkten Wald –
ich lade dich ein, sie zu betrachten.
Der Sommer beschenkt mich
mit herrlichen Düften,

es gibt Esskastanien und wilden Majoran,
die Kresse im Bach lockt mit ihrem Grün.
Ein Schwarm von Ringeltauben
mit heller Brust kennt mein Dach,
darüber singt die Drossel süß und vertraut ihr Lied.
Bienengesumm und das Krabbeln der Käfer
um mich herum,
ein flinker Sänger ist der braune Zaunkönig,
der von Ast zu Ast hüpft.
Helle, weiße Vögel kommen,
Kraniche und Möwen,
das Meer singt für sie,
es ist kein Trauergesang.
Die Kiefer rauscht und macht Musik für mich,
niemand hat es ihr aufgetragen.
Dank Christus geht es mir niemals schlechter als dir.
Obwohl du deine eigenen Freuden hast,
die größer sind als alle Reichtümer,
bin ich dankbar für das,
was mir mein Christus schenkt.
So lebe ich ohne Streit, ohne Hader, der stört,
dankbar allein dem Herrn, meinem Fürsten,
der mir alles Gute schenkt in meiner Hütte."

„Lustiger Mann, dein Mönch. Aber schön." Tyr schlug sich auf die Schenkel, dass die Kette rasselte. Er beugte sich über die Zeilen, als könne er sie entziffern und sich den Inhalt noch einmal zu Gemüte führen. „Seltsame Leute, ihr Mönche. Starke Kerle, die sich zähmen lassen wie kleine Hunde."
Fursa überhörte die Bemerkung. Seine Augen musterten unauffällig den Boden der Hütte. Er wusste, an welcher Stelle die Himmelsscheibe in ihrer Truhe lag, bewacht von zwei gekreuzten Schwertern, deren Herkunft nicht bekannt, deren Alter jedoch wesentlich jünger war als der Schatz in der Eisentruhe.

„Schläfst du eigentlich gut?“, fragte Fursa unvermittelt. „Ich meine, ist das Bett aus Laub weich und die Decke, die wir dir gebracht haben, warm genug?“
„Heißt das, ich soll noch bleiben länger in diesem Loch? Nachts kommt der Wind durch die Bretterwand und pfeift und rappelt an der Tür.“
„Nein“, beschwichtigte Fursa, „du wirst bald frei kommen, doch – hast du etwas Außergewöhnliches bemerkt, außer den Geräuschen des Waldes?“
Tyr wunderte sich über die plötzliche Anteilnahme. „Träume von Brigid, welche ist meine Frau, hat vielleicht schon Kind. Träume aber auch kuriose Dinge.“
„So?“
„Ja. Fällt Asche vom Himmel und alle Menschen fliehen. Himmel ist dunkel, keine Sonne, kein Licht. Leute sind fremd, keine Wikinger, keine Mönche. Haben kantige Gesichter, viel Haar, tragen Felle, sprechen dummes Zeug.“
Fursa war ganz Ohr. „Du verstehst sie also nicht? Hast du auch nicht ein Wort aufgeschnappt, das du schon mal gehört hast?“
Der Gefangene schüttelte den Kopf. „Einmal, in der Nacht, es war taghell hier. Grelles Licht. Habe nicht geträumt. Licht tat Augen nicht weh. War eher warm und schön. Hat mein Herz glücklich gemacht.“
„Aha!“ Der Mönch blickte Tyr an, als habe er eine Erscheinung aus einer anderen Welt. „Hast du auch eine Person gesehen, einen Menschen, einen Krieger, der in dem Licht stand?“
Der Wikinger schüttelte den Kopf. Was sollte diese Fragerei? Träume gehörten doch zum Leben seines Volkes.
Fursa nickte Tyr zu, nahm sein Buch und verabschiedete sich wortlos mit einem Lächeln.

In der Bibliothek des Klosters Molana fand eine geheime Sitzung statt. Abt Colmán von Lismore und Abt Ultan von Ardmore hatten um eine Unterredung mit Abt Comgall gebeten, über die absolutes Stillschweigen vereinbart worden war. Grund waren Gerüchte von einer verstärkten Bewegung von Wikingerschiffen vor der südirischen Küste, die sich auch bei Tage dem Mündungsgebiet des Blackwater-River bedrohlich näherten. Abt Ultan, dessen Kloster sich unmittelbar in Ufernähe befand, hatte einige Mönche abgestellt, die das Manöver der Segler beobachten sollten, und sie waren mit der Nachricht zurückgekommen, dass von den Schiffen derzeit offenbar keine Bedrohung ausgehe, sie vielmehr den Eindruck hätten, dass die Wikinger geeignete Plätze für einen längeren Landaufenthalt ausfindig machen wollten.
Wikinger an Land – die Vorstellung sorgte für Unruhe unter den Menschen. Nicht nur die Klöster wähnten sich in Gefahr, auch die Dörfer an der Küste fühlten sich bedroht. An der Ostküste Irlands hatten sich schon Wikingersiedlungen gebildet, so zum Beispiel 822 in „Baile Átha Cliath“, das später einmal Dublin heißen sollte, und an anderen Stellen wie Vadrefjörthur – Waterford –, Veigsfjörthur – Wexford, – oder Víkingaló – Wicklow. Bis 830 hatten sich hauptsächlich norwegische Wikinger Irland und England für ihre Beutezüge ausgewählt, seit 861 verzeichneten die irischen Annalen vorwiegend dänische Krieger. Beide Gruppen lagen in heftiger Fehde miteinander.
Allmählich aber gab es befestigte Handelsplätze und ein weit verzweigtes Netz von Handelsrouten, das von Grönland bis tief in den eurasischen Kontinent reichte. Die Wikinger nannten ihre Festungen „longphorts“.
Jetzt hieß es, Seeleute mit schwarzen Schilden seien ans Ufer gekommen, hätten Land requiriert, Einheimische vertrieben und mit dem Bau von mit Schilf gedeckten Häusern begonnen. Es gehe den Zuwanderern wohl nicht um Mord und Plünderung, sondern um festen Besitz. Einer der Mönche aus Ard-

more, Dichul, der schon einmal einen Wikingersturm miterlebt hatte, kannte sich mit den Schiffstypen der Fremden aus. Er berichtete den Äbten, er habe allein siebenunddreißig der kleinsten Langschiffe gezählt, in jedem dreizehn Ruderer. Abt Ultan rechnete schnell aus, wie viele Männer allein in diesen Booten vor der Südküste kreuzten, und kam auf 481 Feinde. Ultan wusste, dass die Nordmänner im Jahre 852 mit 252 Schiffen Friesland heimgesucht und Abgaben ertrotzt hatten.
Aber es gab außer der kleinen und wendigen Version der Schiffe ja auch die großen Langschiffe. Diese Langschiffe mit den Drachenköpfen am Bug wurden gerudert und gesegelt. Ihr Tiefgang erreichte trotz der enormen Lasten nur 90 Zentimeter und sie waren extrem schnell. Das hatte sich bei den Überfällen auf an Flüssen gelegene Klöster im Landesinnern gezeigt: Reitende Boten konnten keine Warnung weitergeben, weil die Schiffe zu Wasser rascher vorankamen als Pferde im sumpfigen Uferbereich.
Dichul, der trotz seines Alters noch über eine ausgezeichnete Sehkraft verfügte, berichtete weiter, dass er die kreuzenden Schiffe zunächst etwa achtzehn Meilen östlich von Ardmore in Küstennähe beobachtet habe. Bei gutem Wind und unter vollen Segeln könnten sie die Strecke bis zur Mündungsbucht des Blackwater-River in einer Stunde zurücklegen. Es müsse sich jedoch nicht nur um einen Verband handeln, mutmaßte Dichul. Aus den Schiffsbewegungen ließe sich schließen, dass zwei unterschiedliche Stämme an der Landnahme interessiert seien und der eine den anderen davon abzuhalten versuche, an einer bestimmten Stelle das Ufer anzusteuern. Für die Besiedlung des Landes sprach auch, dass zahlreiche Lastschiffe, so genannte Knorrs, mit im Verbund segelten. Ihr Name rührte vermutlich von dem „knorrigen“ Ast her, der als Steven diente. Dieser Schiffstyp war breiter und hochbordiger, insgesamt auch stämmiger. Er war zwar langsamer und bot weder der Besatzung noch der Ladung ausreichend Schutz, doch konnte er enorme Lasten transportieren. Der Frachtraum befand sich in der Mitte,

lag offen und nahm fast die Hälfte des Schiffes ein. Von den erhöhten Plattformen vorn und hinten, den Halbdecks, aus konnten die Mannschaften mit zwei bis vier Riemenpaaren die Knorr auch in engen Gewässern oder Buchten manövrieren.
Die Äbte waren ratlos, was sie tun sollten. Stellten sie sich der Landbesetzung entgegen, so liefen sie Gefahr, dass ihre Klöster niedergebrannt wurden. Überließen sie den Besatzern, was sie verlangten, so hatten die Mönche am Ende kaum noch eigene Äcker und Wälder, und die Lebensgrundlage war in Frage gestellt. In einem Falle hatten die Eindringlinge die Mönche in die Kirche gesperrt, einen brennenden Holzscheit aus der Küche geholt und ins Dach geschleudert. Alle Männer verbrannten oder wurden, als sie herauskamen, von den Kriegern erschlagen. Die zur Hilfe gerufenen Provinzkönige Irlands, die über kleine Heere verfügten, irritierte es, dass sie die Wikinger nicht im offenen Kampf stellen konnten. Sie schienen Kampftaktiken nicht zu kennen, sondern stürmten schreiend und auf ihre Schilder trommelnd wahllos voran.
Als Dichul seine Beobachtungen mitgeteilt hatte, dankten ihm die Äbte und entließen ihn, baten ihn jedoch, sich zur Verfügung zu halten, falls sie noch weitere Fragen hätten.
„Wir sollten den wilden Horden entgegengehen und sie freundlich willkommen heißen“, meinte Comgall. Er war der nachgiebigste, aber auch unschlüssigste von den dreien und ging Konflikten gern aus dem Weg.
Sofort widersprach Ultan ihm auf das heftigste. „Ich lebe, weil wir uns in unserem Kloster nicht widerstandslos ergeben haben. Selbst wenn die Wikinger jetzt brave Siedler werden wollen, bedeutet das nicht, dass sie den Raum, auf den sie es abgesehen haben, friedlich besetzen. Sie werden die Menschen, die hier wohnen oder ihnen entgegentreten, töten und ihre Habe verbrennen.“
„Wie sollten wir in Molana Widerstand leisten können wie ihr in Ardmore?“, verteidigte sich Comgall. „Der Mönch Fursa

von Scattery Island hat uns die Vorzüge des Rundturmes als Fluchtburg lebhaft geschildert. Doch darüber verfügen wir im Gegensatz zu dir nicht. Du, Colmán, bist mit deinen Mönchen in einer ähnlichen Lage wie wir."

Colmán nickte. „Der Rundturm ist freilich nicht der Garant absoluter Sicherheit, lieber Bruder. Der Mönch Fursa, der in deinem Kloster ja eine bedeutende Rolle zu spielen scheint, weiß offenbar nicht, dass in einer Abtei unseres Landes das Innere eines solchen Rundturms bei einem Überfall in Brand geriet. Es war den Feinden nämlich gelungen, einen Brandpfeil durch ein Fenster in den Turm zu schießen. Die schrecklichen Folgen wage ich nicht zu schildern. Bedenke, dass die Stockwerke und die sie verbindende Treppe aus Holz bestehen, und das Feuer im Turm wütete wie in einem Rauchfang."

Das muss ein Meisterschütze gewesen sein, dachte Comgall, doch sprach er diese Vermutung nicht aus. Ultan war der älteste und in der Führung einer Abtei erfahrenste Abt. Er war vor seinem Eintritt ins Kloster Berater eines der irischen Könige gewesen und hatte eine Vertrauensstelle eingenommen. Nicht alle Herrscher und Hofbediensteten konnten schreiben. Die Chronik zu führen und die neuen Verfügungen und Gesetze in Worte zu fassen, die von der Räteversammlung in der königlichen Burg beschlossen worden waren, war ein ehrenvolles Amt.

„Wir sind jetzt in der bedrohlichsten Situation, meine Brüder", sagte er, „denn die Wikinger kreuzen vor unserer Küste. Gehen sie an Land, nutzt keine Warnung oder Hinhaltetaktik. Ich bin aber mit Comgall der Meinung, dass wir den friedlichen Weg des Gespräches wählen sollten, um mit ihnen in Kontakt zu treten und um zu erfahren, welche Absichten sie haben."

„Warum sie überhaupt hier siedeln wollen, ist mir unverständlich", warf Colmán ein. „Es gibt fruchtbarere Landstriche in Irland."

„Aber nicht in Küstennähe. Und dazu bildet der Blackwater-River eine vorzügliche Bucht, um die Schiffe bei Sturm zu schützen", meinte Ultan. „Dennoch ist Vorsicht geboten. In den ‚Annales Bertiniani' aus dem Jahre 842 steht, wie grausam und hinterlistig sich die Wikinger gegenüber der Bevölkerung verhielten. Sie gingen ähnlich vor wie gegen unsere Klöster. Als sie den Handelsplatz Quentivich überfielen, wüteten sie so furchtbar, dass sie alles verwüsteten, die Einwohner fortschleppten und ohne Unterschied des Geschlechtes töteten, dass sie nichts als die Gebäude zurückließen, deren Schonung teuer erkauft wurde."
Colmán von Lismore, der persönlich schon zwei Überfälle miterlebt hatte und nur mit wenigen Mönchen dem erbarmungslosen Morden entkommen war, erinnerte an einen Wikingerzug des Egill Skallagrimsson nach Kurland, der viele Klöster erschüttert hatte. Bei der „Brenna", dem systematischen Niederbrennen des Hauses, in dem die Bewohner versammelt sind, wurden Egill und seine Leute gefangen, konnten sich jedoch nachts befreien. Sie raubten heimlich die Schatzkammer des Hausherrn aus und eilten zu ihren Schiffen. Doch plötzlich blieb Egill stehen und verkündete: „Diese Fahrt ist sehr übel und gar nicht wikinggemäß. Wir haben dem Bauern sein Gut gestohlen, ohne dass er es weiß. Gehen wir zum Gehöft zurück, um dort bekannt zu machen, was geschehen ist."
„Ein aufrichtiges Bekenntnis, wie ich meine", warf Comgall ein.
Ultan schüttelte den Kopf. „Mitnichten, lieber Bruder. Denn höre, was weiter geschah: Die Gefährten Egills weigerten sich, zurückzukehren. Da ging er allein, schlich in die Küche, holte einen brennenden Balken, betrat die Sitzhalle und warf das Holz in das Dach, das sogleich Feuer fing. Alle Bewohner fanden den Tod. Wer flüchtete, wurde draußen erschlagen. Danach ging Egill zufrieden zurück auf sein Schiff."

Comgall seufzte. „Vielleicht wäre alles anders, wenn den grausamen Völkern der Wikinger das Christentum gepredigt würde."

Wie lange lag Tyr nun schon in der Waldhütte gefangen? Er hatte versäumt, die Tage zu zählen. Es schien ihm eine unüberschaubar lange Zeit zu sein. Seine Handlungsfreiheit war stark eingeschränkt, er konnte sich nur in einem kleinen Radius bewegen. Manchmal stand er auf, weil der Rücken vom ständigen Liegen schmerzte, dann machte er zwei Schritte nach links und wieder zurück, zwei Schritte nach rechts und zurück zum Ausgangspunkt. Mehr Freiraum ließ ihm die Kette nicht. Mit der Zeit kam er sich immer verlorener vor, nicht zuletzt, weil er von Brigid nun seit Wochen – oder waren es gar Monate? – getrennt war und ihr keine Nachricht zukommen lassen konnte. Wie mochte es ihr in der Zwischenzeit ergehen? Wie kam sie ohne ihn in der fremden Stadt zurecht? Ob sie das gemeinsame Kind schon geboren hatte? Er, Tyr, war sicher schon Vater. Vater! Aber ein anderer als Agmundr. Er würde seinen Sohn – denn dass es ein Sohn sein würde, stand für ihn zweifelsfrei fest – wie seinen Augapfel hüten und ihn mit Freude die Dinge lehren, die ein Wikinger wissen und können muss. Warum nur hatte er sich so leichtsinnig auf dieses Abenteuer der Rache und Vergeltung eingelassen und sich am Ende doch übertölpeln lassen?
Die Mönche, die ihn gefangen hielten, waren eine merkwürdige Gesellschaft. Einerseits drohten sie ihm Strafen an, andererseits dachten sie nicht daran, sie auszuführen. Das hatte offenbar mit ihrer Religion zu tun, so viel hatte er inzwischen begriffen. Ein Gott, der auch dem Feind verzieh … Seltsam! Was war das für eine Religion, dieses Christentum? Wer ihr ange-

hörte, kam sicher nicht immer zu seinem Recht, weil er verzeihen sollte, obgleich ihm Unrecht geschehen war. Und in dieser Religion war auch Brigid beheimatet! In ihr war sie aufgewachsen und von ihren Geboten und Vorschriften geprägt worden. Allmählich verstand Tyr manche Handlungsweisen seiner Frau, wenn sie auf bestimmte Vorgänge ganz anders reagierte als er.

Einmal war ein Händler an ihre Tür in Haithabu gekommen, der verschiedene Dinge angeboten und auch Bestecke zu einem Sonderpreis in seinem Sortiment hatte. Die Messer und Löffel beständen aus versilbertem Metall, behauptete er. Der Verkauf seiner Ware sei für ihn wichtig, denn daheim läge eine kranke Frau und er wisse nicht, wie er seine beiden kleinen Kinder durch den Winter bringen solle. Brigid hatte ihm geglaubt und einige Käufe getätigt. Doch wie sich später herausstellte, handelte es sich um eine minderwertige Ware, für die sie einen überhöhten Preis bezahlt hatte. Tyr wollte dem Händler, der in der Nachbarstraße noch unterwegs war, nacheilen, um ihm das überzählige Geld abzuknöpfen. Doch Brigid hatte ihn besänftigt und gesagt: Vielleicht hat er ja wirklich eine kranke Frau und zwei Kinder, die nicht satt werden. Lass ihm das Geld, wenn es sein Los erleichtert. Eine solche Reaktion wäre unter Wikingern nicht möglich gewesen. Der Händler hätte nicht nur das Geld herausrücken müssen, sondern wäre für seinen Betrug auch gehörig bestraft worden.

Über Gefühle zu sprechen, lag ihm nicht. Wenn er das Leben mit Brigid überdachte, so beklagte Tyr, dass er seiner jungen Frau viel zu selten gesagt hatte, wie lieb er sie hatte und wie wichtig sie in seinem Leben war. Jetzt, in den einsamen Stunden in der Waldhütte, fiel ihm sein Versäumnis umso mehr auf, je länger er hier ausharren musste und je leidenschaftlicher er sich nach Hause sehnte. Wenn er hier nur herauskäme! Es würden sich Mittel und Wege finden, um nach Haithabu zurückzukehren. Doch je länger er darüber nachdachte, umso

deutlicher wurde auch die Sinnlosigkeit seiner Überlegung. Es musste schon ein Wunder geschehen, damit er Brigid bald wieder in seine Arme schließen konnte.
In einer Nacht träumte Tyr, Brigid stände am Ufer des Meeres und hielte Ausschau nach ihm. Sie hielt die Hand über die Augen und starrte auf die wilde See. Sie hatte sich sogar auf die Zehenspitzen gestellt in der irrigen Annahme, Tyr so besser erspähen zu können. „Wo bist du, mein geliebter Mann?“, hörte er sie rufen. „Wohin hat es dich verschlagen? Weißt du nicht, dass ich dein Kind geboren habe und sehnsüchtig auf dich warte? Ich liebe dich! Warum bleibst du so lange weg?“ Doch sie erhielt keine Antwort. Nur das Rauschen des Meeres war zu hören, das Rauschen, das seit Jahrtausenden dieselbe Melodie in sich barg und in schäumenden Wellen an den Strand schlug. Tyr fuhr aus dem Schlaf auf. Sein Herz raste. Er war schweißnass. Er nahm eine Handvoll Stroh und fuhr sich über Wangen und Stirn. „Was bin ich für ein Esel!“, rief er, „was für ein Trottel! Was habe ich getan! Wenn ich könnte, ich würde über das Meer zu dir fliegen, Brigid.“
Für den Rest der Nacht fand er keine Ruhe mehr. Er lauschte auf die Geräusche des Waldes, das Flüstern des Windes in den Bäumen, den Schrei des Uhus und das Bellen eines Fuchses. Er bemerkte im Dämmer des neuen Tages den Nebel, der aus den Feuchtwiesen aufstieg. Und er hörte nicht auf, seine Unvorsichtigkeit zu beklagen, als er in der verhängnisvollen Nacht mit den anderen Kriegern vorangestürmt und in der Grube gelandet war.

Oengus Mac Nisse von Dalriada hielt sich streng an sein großes Vorbild gleichen Namens, der einst der erste Bischof von Connor, zuvor aber ein schlichter Einsiedler in

Kells gewesen war. Er war groß, schlank, eine wahrhaft stattliche Erscheinung, die allerdings auch wusste, dass sie andere Eremiten und Mönche gewöhnlich um Haupteslänge überragte und deshalb in Gemeinschaft stets auffiel. Als Oengus Mac Nisse von Dalriada eines Abends im Herbst an die Klosterpforte von Molana klopfte, sah er allerdings alles andere als vornehm aus. Sein Habit war verdreckt, auf der linken Seite klaffte in Höhe der Hüfte ein Riss im Gewand, und sein Gesicht war von Lehmspritzern übersät.
Bruder Fachtna, der Beschließer, hieß ihn willkommen, doch der Besucher erwiderte den Gruß brummend und missgestimmt. „Schau, wie ich aussehe“, fluchte er schließlich und wies auf seine verdreckte Kleidung. „Bin ich doch nicht weit außerhalb des Klosterbezirks über ein kniehoch gespanntes Hindernis gestolpert und mit dem Gesicht geradewegs in einer Pfütze gelandet. Ist das eine Überraschung für eure Gäste?“
Fachtna nahm mit Genugtuung wahr, dass die Wikingerfalle offenbar noch funktionierte, dann versuchte er mit ein paar tröstenden Worten die missliche Stimmung des Besuchers zu vertreiben. „Du wirst zunächst in die Kirche gehen wollen, um Gott für das gute Ende deiner Reise zu danken. Schließlich bist du nicht unter die Räuber gefallen, und niemand hat dir den Schädel eingeschlagen.“
„So wie ich aussehe?“, brauste Oengus Mac Nisse von Dalriada auf. „Kann ich mich erst ein wenig säubern? So wage ich Gott nicht unter die Augen zu treten.“
„Er wird es nicht so genau mit deinem Erscheinungsbild nehmen. Schließlich kennt er dich und weiß, dass du nicht immer mit Lehmtupfern im Gesicht herumläufst.“
Fachtna geleitete Oengus zum Brunnen vor dem Gotteshaus, und der Besucher klatschte sich einen Schwall Wasser ins Gesicht. „Der Dreck an deinem Habit muss noch trocknen, dann kannst du ihn leichter herausbürsten“, schlug Fachtna vor. „Bist du auf der Durchreise?“

„Das sieht man doch, oder? Oder denkst du, ich würde hier um Aufnahme bitten? Ich habe Botschaften meines Abtes von Glendalough nach Cloyne zu überbringen. Dort hat der hl. Colman Mac Lenen, der um 600 starb, ein Kloster gegründet, mit dem wir in regem Austausch stehen. Überall im Lande rühmt man eure mitbrüderliche Gastfreundschaft. Deshalb habe ich den kleinen Umweg nach hier gemacht und hätte mir kurz vor dem Ziel fast den Hals gebrochen."
„Was Gott zum Glück verhindert hat. Doch nun verrichte deine Dankgebete, dann werde ich dich zu Abt Comgall geleiten."
„In diesem Aufzug?", erboste sich Oengus. „Was soll denn der Abt von mir denken?"
„Er ist den Anblick von Vogelscheuchen gewohnt", grinste Fachtna. „Doch nun komm. Es ist Brauch, Gott und dem Abt die Aufwartung zu machen, wenn man nach überstandener Reise ein fremdes Kloster betritt. Ich habe wenig Lust, meine Zeit mit dir im Hof zu verbringen. Es ist bald Essenszeit, und heute gibt es ausnahmsweise Hammelfleisch. Riechst du es schon?"
Oengus Mac Nisse von Dalriada antwortete nicht. Er betrat die Kirche, nahm geweihtes Wasser und kniete sich in die letzte Bank. Fachtna wartete geduldig, bis der fremde Mönch seine Gebete gesprochen hatte.
„Ein Gästezimmer haben wir leider nicht", entschuldigte sich Fachtna. „Du musst mit einem Bett im Dormitorium vorliebnehmen. Nach dem langen Tagesmarsch wirst du müde sein, sodass dich die Schnarcherei der Mitbrüder nicht stören wird."
„Oho! Eurem Gefangenen gesteht ihr aber einen eigenen Raum zu, nicht wahr?"
Fachtna fuhr herum. „Welchem Gefangenen? Wir haben keinen Gefangenen!", rief er überrascht.
Oengus baute sich vor dem Beschließer auf. „Nun tu nicht so scheinheilig. Ich habe den Mann in eurer Waldhütte gesehen!

Dass er ein Gefangener ist, sieht doch jedes Kind. Einen Fuß in Fesseln und das Ende der Kette mit einem Schloss am Dachbalken. Seiner Kleidung nach muss er ein Krieger sein."
Fachtna war sprachlos, er wusste nicht, was er von den Anschuldigungen halten sollte. Er selbst war jahrelang nicht mehr in der Waldhütte gewesen, er wusste nur, dass die Waldbauern und die Brüder, die die Felder bestellten, sich bei Regen dort früher manchmal aufhielten oder in der Erntezeit ihre Geräte aufbewahrten.
„Du wirst Vater Abt genau berichten müssen, was es mit der Hütte auf sich hat", forderte Fachtna Oengus auf. „Am besten, wir gehen sogleich zu ihm."
„Du kannst Macanisius zu mir sagen", gestattete Oengus großmütig, „das ist mein latinisierter Name. Meine Freunde nennen mich alle so."
Ohne auf das Angebot einzugehen, packte Fachtna den Besucher am Ärmel und zog ihn zur Zelle des Abtes.
Comgall saß über einige Pergamente gebeugt, die die neuen Verträge mit den Pächtern enthielten. Er fiel aus allen Wolken, als er nach dem obligatorischen Willkommenssegen von der Existenz eines Gefangenen in der Waldhütte erfuhr.
„Hast du mit dem Mann gesprochen?", wollte er wissen.
Oengus Mac Nisse von Dalriada war von Natur aus stolz, was sich nicht nur auf seine auffällige äußere Erscheinung zurückführen ließ, sondern auch einem Wesenszug entsprach. Man beachtete ihn, er fiel auf, auch wenn seine Kleidung lädiert war, er geriet in den Mittelpunkt allgemeinen Interesses. Bevor er Atem holte, um seinen Erlebnisbericht zu beginnen, schickte Comgall nach der Schneiderei mit dem Auftrag, Oengus leihweise ein sauberes Habit zu überlassen.
Der Abt vergaß seine Sorgen um die noch ausstehenden Fruchtabgaben. Seine Gedanken kreisten um die Waldhütte und um einen gefesselten Mann, von dessen Existenz er bisher nichts gewusst hatte. Möglich, dass es sich hier um einen privaten

Racheakt handelte, mit dem das Kloster nichts zu tun und weshalb man sich der günstig gelegenen Waldhütte bedient hatte.
„Also, was ist nun mit dem Mann, den du in der Waldhütte angetroffen zu haben meinst?“, fragte er, als Oengus in dem frischen, aber zu kurzen Gewand vor ihm stand.
Der Abt ging ungeduldig in seiner kleinen Zelle auf und ab.
„Zu haben meinst? Ich habe ihn gesehen und sogar mit ihm geredet. Das war so: Ich wusste nicht, dass sich dort im Wald eine Hütte befand und hätte sie wahrscheinlich auch nicht aufgesucht, wenn ich nicht einen merkwürdigen Gesang vernommen hätte.“
„Was heißt das – merkwürdig?“
„Keinen Choral oder ein frommes Lied, wie wir Mönche sie allenthalben pflegen, sondern es klang schwermütig und dumpf, dazu noch in einer mir fremden Sprache.“
„Was weiter?“
„Nun, ich war neugierig, wie du dir denken kannst, bin an die Hütte herangeschlichen und habe durch ein Astloch geschaut.“
„Und?“
„Da lag ein Mann auf Laub und etwas Stroh, die Hände unter dem Kopf verschränkt und sang dieses schwermütige Lied. Dabei starrte er unentwegt zur Decke. Als ich die Tür öffnete, erschrak er, denn er hatte mich nicht kommen gehört, und richtete sich auf. Doch als er mich erblickte, ließ er sich aufs Stroh zurücksinken, als ob er mich erwartet hätte.“
„Wie das?“, fragte der Abt und unterbrach seine Wanderung. „Er kannte dich noch nicht, oder?“
„Mitnichten, hoher Herr, doch der Mann knurrte mich an und sagte: Aha, ein neues Gesicht! Hoffentlich hast du mir wenigstens eine größere Portion Essen mitgebracht als deine Vorgänger.“
„Vorgänger? Was meint er damit?“
„Es müssen Mönche sein, die ihn dort eingesperrt haben.“
„Mönche?“

„So ist es. Als er sah, dass ich außer meinem Wanderstock und meinem Vorratsbeutel nichts bei mir hatte, fing er an zu fluchen, wie lange man ihn hier noch festhalten und ob man ihn hier verrecken lassen wolle."
„Verrecken?" Comgall schauderte. „Welch unchristliches Wort!"
„Sehr richtig! Doch schien es nicht aus einem christlichen Munde zu kommen. Denn der Mann ist ein Wikinger."
Der Abt ergriff Oengus Mac Nisse von Dalriada an den Schultern und schüttelte ihn. „Woher weißt du? Hat er das gesagt?"
„Ja, Herr. Nachdem er gemerkt hatte, dass ich nicht zu diesem Kloster gehöre und nur auf der Durchreise bin, hat er seine Wut herausgeschrien, seine Gefangenschaft beklagt und dieses Haus verwünscht. Er schimpfte auch über seine eigene Dummheit, weil er in eine Grube gefallen sei, aus der er sich nicht allein habe befreien können. Und dann war auch noch von einem deftigen Streit mit Stammesangehörigen die Rede, wovon ich aber nichts verstanden habe, weil es ziemlich konfus klang."
Comgall ließ sich auf einen Stuhl fallen und rang die Hände. „Entsetzlich! Ich hoffe zu Gott, dass sich mein Verdacht nicht bestätigt."
„Verdacht? Was meinst du, Herr?" Oengus starrte auf den verzweifelten Klostervorsteher.
Doch Comgall antwortete nicht, sondern eilte hinaus. Von draußen drang der Geruch von Hammelfleisch in den Raum.

„Komm, steh auf. Deine Gefangenschaft ist zu Ende", sagte Fursa und zog an der Kette. Tyr strauchelte, dann stand er fest auf den Beinen und sah den Mönch erwartungsvoll an.
„Habt ihr das Geld?", fragte er.
„Welches Geld?"

„Nun, dass meine Leute gezahlt haben für meine Freilassung."
„Du bist ihnen nichts wert, denn sie haben nichts gezahlt", scherzte Fursa. Als er das enttäuschte Gesicht Tyrs sah, ergänzte er: „Wir haben es erst gar nicht versucht. Das ist nicht Christenart, verstehst du? Nach all dem, was wir von dir erfahren haben, hätte dein Anführer Vali sich wahrscheinlich schwer getan, für dich Lösegeld locker zu machen."
„Du irrst!", rief Tyr. „Es ist richtig, dass Vali keinen Streit duldet in seiner Sippschaft, erst recht nicht, wenn ein Angriff bevorsteht, doch am Ende ist es gegen seine Ehre, wenn er weiß einen tapferen Krieger in der Hand des Feindes."
„Den Eindruck hatte ich nicht!", rief Fursa. „Im Gegenteil. Die Fallgrube war für ihn das Ende eines Problems."
Der Wikinger blickte den Mönch mit funkelnden Augen an.
„Ich mache dich jetzt los", sagte Fursa ernst. „Gibst du mir dein Ehrenwort, nicht davonzulaufen? Andernfalls muss ich dich mit der Kette am Bein zum Kloster führen."
„Zum Kloster? Dahin will ich nicht!"
„So. Wohin möchtest du denn, mein Lieber?"
„Nach Hause. Zu Weib und Kind. Es muss geboren sein inzwischen. Ich habe sie lange nicht gesehen."
„Ah! Du meinst, dass Brigid auf dich wartet?"
„Ja, Brigid. Sie heißt in unserem Stamm Ginnlaug. Du hast etwas dagegen?"
„Nein, ihr christlicher Name ist Brigid. Wie unklug von deiner Frau, dich genommen zu haben."
„Was erlaubst du dir?" Tyr ballte die Faust, als ob er zuschlagen wollte. Doch Fursa zog an der Kette und Tyr stürzte zu Boden.
„Du hast sicher nicht den besten Geschmack bewiesen, als du deine Frau kennenlerntest, und warst froh, überhaupt eine bekommen zu haben, oder?"
Der Wikinger rappelte sich auf. „Sie war die schönste in unserer Siedlung und ist es auch in Haithabu", sagte er stolz.

„Ja, ja, unter den Blinden ist der Einäugige König."
„Was heißt das? Willst du Odin beleidigen? Auch Odin hat nur ein Auge."
„Gott bewahre", spottete Fursa, „aber ich kann mir nicht vorstellen, dass du Geschmack hast."
„Ginnlaug – Brigid – ist bildschön", sagte Tyr stolz. „Sie hat kleine feste Brüste, und ihr braunes, lockiges Haar ist hüftlang. Manchmal trägt sie es auch straff in einem Zopf. Ihre kräftigen Arme sind weiß wie Milch und ihre Zähne stark wie die eines Bären. Und wenn du ihre grasgrünen Augen und das Grübchen in ihrem Kinn sehen könntest …"
„Sei still", brummte Fursa.
„Ja, ja, solche Reden ich darf vor dir nicht führen, ich weiß, wo ihr doch keine Frauen haben dürft."
„Wir haben uns freiwillig für dieses Leben entschieden", sagte der Mönch mit Nachdruck, „also führe mich nicht in Versuchung mit deinem gottlosen Geschwätz."
Tyr kicherte. „Was soll gottlos sein daran, wenn ich schildere die Schönheit einer Frau?"
„Halt den Mund und komm. Vergiss deinen Helm nicht. Ich glaube, ich pfeife auf dein Ehrenwort und führe dich in Ketten zum Kloster."
„Wie einen Hund? Niemals! Was soll ich übrigens dort? Bring mich zum Wasser. Ich finde bestimmt einen Baumstamm und ein paar Bretter, mit denen ich mir kann bauen ein Floß. In den nächsten Tagen ist Vollmond. Da treffe ich in der Bucht sicher auf meine Landsleute."
Fursa dachte nicht daran, den Wikinger ohne Gegenleistung freizulassen.
Er hatte einen bitteren Gang angetreten, als er dem Abt die Anwesenheit eines Wikingers außerhalb des Klosterbereichs gestehen musste, sich jedes Wort überlegt, schließlich sogar freiwillig Dienste angeboten, die nicht jedermann gern übernahm, wie Latrinen reinigen, Strohsäcke stopfen, die Unter-

wäsche der Mitbrüder waschen – doch Comgall hatte sein Geständnis zwar ernst, doch nicht im Zorn aufgenommen. In aller Ausführlichkeit ließ er sich berichten, wie es zu der Gefangennahme gekommen, wo und wie der Wikinger, der die gälische Sprache inzwischen immer besser beherrschte, untergebracht und versorgt worden war. Von der Idee Fursas, ihn als Geisel zu verwenden, hielt er nichts. Ihm die Freiheit zu schenken, stand über jedem Rachegedanken.
Die gesamte Mönchsgemeinschaft war im Refektorium versammelt, als Tyr hereingeführt wurde. Fursa hatte ihm die Kette abgenommen, Brenach ihn an den Brunnen im Kreuzgang geleitet, damit er sich wenigstens notdürftig reinigen konnte. Inzwischen war ihm ein Bart gewachsen, der recht verfilzt aussah. Moluag hatte ihm einen Apfel zugesteckt und gefragt, ob er ihm auch einen Fisch oder einen Knust Brot bringen solle. Doch vor lauter Aufregung war dem freigelassenen Gefangenen jeder Hunger vergangen.
„Zunächst entschuldige ich mich auch im Namen meiner Brüder, dass wir dich unfreiwillig festgehalten haben“, sagte Comgall mit einem Blick auf Fursa, der den Kopf senkte. „Ich habe nicht gewusst, was dir geschah, weil ich von deiner Existenz keine Ahnung hatte. Ich wusste von bestimmten Befestigungsvorkehrungen im Wald, um den Überfall deiner Genossen aufzuhalten, denn ganz verhindern hätten wir ihn wohl nie können. Doch dass eine Grube ausgehoben worden und ein Krieger hineingeraten war, entzog sich meiner Kenntnis. Dafür bitte ich dich um Verzeihung.“
Die Mönche standen unbeweglich auf ihren Plätzen. Niemand wagte sich zu setzen, solange der Abt sprach.
„Und wenn wir alle niedermacht worden wären, hoher Herr, was dann?“, wagte Fursa einzuwenden.
Der Abt tat, als ob er ihn nicht gehört hätte, und brachte weitere Entschuldigungen vor. Es widerspräche der Lebensweise einer klösterlichen Gemeinschaft, überhaupt den Gedanken an

die Festnahme eines Feindes zu verschwenden, sagte er. So etwas dürfe nie vorkommen, weil jedes Konventsmitglied darauf bedacht sein müsse, das Gebot der Liebe, auch der Feindesliebe, zu beherzigen.
„Er verharmlost die Gefahr, in der wir uns befunden haben", flüsterte Findbar dem Mitbruder Brenach zu.
Man sah den Gesichtern einiger Mönche an, dass sie die Meinung des Abtes nicht teilten. Nächsten- und Feindesliebe hin oder her – wenn Gefahr drohte, und sie war greifbar gewesen –, dann hatte man das Recht zur Verteidigung! Musste man sich denn ohne Gegenwehr erschlagen lassen, wie es bei vielen Klosterplünderungen geschehen war?
„Ich möchte dich um einen Dienst bitten", fuhr der Abt fort und nahm die Hand des Wikingers. „Ich bitte dich, deinen Stamm aufzusuchen und den Häuptlingen zu sagen, dass wir in Frieden nebeneinander leben wollen. Angehörige deiner Familie und deines Stammes haben diese Abtei überfallen. Viele Mönche fanden dabei den Tod. Im Namen Jesu Christi, des Sohnes unseres Gottes, verzeihen wir diese schändliche Tat. Der Weg zu einem Miteinander ist gewiss noch weit, doch ein friedliches Auskommen nebeneinander müsste möglich sein. Ich habe gehört, dass eine Reihe deiner Landsleute sich in der Bucht um den Blackwater-River ansiedeln möchte. Wenn ein Seefahrervolk nach Jahren der Unruhe plötzlich sesshaft werden will, hat das seine Gründe. Es wird hier viel geredet und gewiss auch spekuliert, doch möchte ich mich nur an eigene Beobachtungen halten. Sag deinen Führern, dass wir ihnen geeignetes Gelände zur Besiedlung zur Verfügung stellen wollen. Man möge sich nur mit uns abstimmen. Wir bitten sie zugleich, sich dieses Siedlungsgebiet nicht widerrechtlich anzueignen, denn auf Dauer wird es ihnen keinen Segen bringen."
„Lass ihn schwören, Vater Abt", rief Fursa. „Wenn er den Schwur bricht, ist das ein größeres Verbrechen als ein Mord."

„Still!", gebot Comgall. „Du antwortest nur, wenn du gefragt wirst."
Und zu Tyr gewandt fuhr er fort: „Ich habe auch vernommen, dass du Brigid, die Tochter des Bauern Fitbrain, zur Frau genommen hast. Ich hoffe, dass eure Ehe glücklich wird, auch wenn sie noch nicht mit dem Segen der Kirche geschlossen worden ist. Es ist wichtig, dass du deiner Frau den Ort freistellst, an dem sie wohnen möchte. Sie darf nicht länger eine Gefangene deiner Sippe oder deines Stammes sein. Und sie ist auch nicht die Dienerin ihres Mannes, sondern seine ebenbürtige Gefährtin."
Findbar horchte auf, als er den Abt so reden hörte. Der Apostel Paulus war wohl anderer Ansicht gewesen, was das Zusammenleben von Mann und Frau und ihre Bedeutung für die Kirche betraf. Doch dann hörte er Comgall weiter reden: „Doch nun geh. Proviant für unterwegs steht bereit. Unsere Gebete werden dich begleiten, damit du deine Sippschaft und deine Familie findest. Kehre in Frieden heim und eines Tages vielleicht zurück. Du bist uns immer willkommen."
Fursa wandte sich mit bleichem Gesicht ab. Er wusste, dass seine Tage in Molana gezählt waren.

Fursa ging den Weg zurück, den er vor Jahren gekommen war. Scattery Island war weit, so weit wie der Marsch von der Shannon-Insel an die Mündung des Blackwater-Rivers. Davon erzählten die Blasen an seinen Füßen, die er bei dem Gedanken an die weite Wanderung nach Molana von neuem spürte. Diesmal schritt er mit weniger Erwartung aus. Er hatte keine Aufgabe zu lösen, keine Strategie gegen die Wikinger zu entwickeln, sondern er war heimgeschickt worden, weil er den Anordnungen des Abtes Comgall zuwidergehandelt hatte.

Der Gefangene in der Fallgrube war Fursa zum Verhängnis geworden, und nicht nur er: Das Gebot der Feindesliebe, das er so schmählich übergangen und auf das der Abt so großen Wert gelegt hatte, stand Fursas weiterem Verbleib in Molana im Wege – trotz aller Verdienste, die er sich um die Sicherheit des Klosters erworben hatte.
In Fursas dürftigem Gepäck befand sich ein Brief, den Comgall ihm an seinen Mitbruder im Abtsamt von Scattery Island mitgegeben hatte, und was darin stand, konnte Fursa sich denken. Nicht nur einmal war ihm unterwegs der Gedanke gekommen, das Siegel zu erbrechen und den Inhalt zu lesen, doch da Comgall ihm das Versprechen abgenommen hatte, das Schriftstück unangetastet und sicher Abt Erc zu überreichen, so ließ er schließlich von seinem Vorhaben ab.
Fursa schritt zügig aus, obgleich ihn nichts drängte, die alte heimatliche Insel so bald wiederzusehen. Ein Pferd hatte ihm auch Comgall nicht zugestanden, doch den Hinweis auf den Weg als Bußübung und Akt der Selbstabtötung hatte er sich verkniffen. Auch jetzt suchte Fursa des Nachts in befreundeten Abteien Unterschlupf, und das war nicht schwer, denn alle Klöster und Einsiedlerwohnungen beherzigten das eingeschworene Gesetz der Gastfreundschaft. Wer unterwegs war, genoss Privilegien, der kam zuweilen auch in den Genuss besonderer Speisen, die der übrigen Gemeinschaft eines Klosters versagt blieben, oder er erregte durch seine plötzliche Präsenz nicht alltägliche Aufmerksamkeit, So war es ja auch Oengus ergangen, als er in Molana eingetroffen war und von der Entdeckung eines gefangenen Wikingers berichtet hatte.
Fursa ging nicht denselben Weg nach Scattery Island zurück, den er von dort angetreten hatte. Zwar mied er Umwege, denn das Laufen war überall beschwerlich, doch suchte er für die Nächte neue Unterkünfte und hoffte auf neue Erlebnisse unterwegs. Zweimal übernachtete er im Wald, weil der Marsch zur nächsten Klostersiedlung zu weit und ermüdend war. Er rollte

sich in seinen Pferdehaarmantel unter einen Haselnussstrauch und blickte nach dem Nachtgebet zum Himmel auf, an dem unzählige Sterne wie zu einer nächtlichen Prozession aufzogen. Der Morgen strich mit rosigen Fingern über das Land, das sich fröstelnd aus der dünnen Nebelschleierdecke schälte und den tiefen Atem der Erde unterbrach. In solchen Augenblicken erschien es Fursa, als ginge der Schöpfer selbst über Wiesen und Felder, um sich vom Segen dessen zu überzeugen, was er geschaffen hatte.

Tyr reiste heim. Eines der Wikingerschiffe, das in der Blackwater-Bucht kreuzte und Kurs Richtung Heimat nehmen wollte, nahm ihn mit Richtung Nordosten, zunächst nach Haithabu. In dem gewohnten Zuhause traf er Brigid nicht an. Er eilte erschrocken in das Büro seines Geschäftspartners und vernahm, dass ein fremder junger Mann auf seinem Stuhl saß. Doch erfuhr er hier zumindest, wo Brigid und ihr inzwischen geborener Sohn Unterschlupf gefunden hatten. Die kleine Wohnung an der Stadtmauer barg sein ganzes Glück! Brigid stürzte ihm mit freudigem Aufschrei entgegen. Augenblicklich lagen sie sich in den Armen. „Endlich“, stammelte sie, Tränen liefen ihr übers Gesicht. „Endlich! Lange hätte ich es hier nicht mehr ausgehalten.“ Hinter einem Vorhang ertönte das leise Wimmern eines Kindes. Tyrs Augen leuchteten auf. „Das ist Njörd-Brendan“, rief Brigid und nahm das Baby aus seiner Wiege. „Er hat seinen Namen nach dem Wind- und Seegott der Wikinger und dem mutigen Seefahrer der irischen Mönche erhalten. Ich hoffe, es ist dir recht.“ Tyr streckte seine Arme nach dem Winzling aus. Vorsichtig, als sei er zerbrechlich wie Glas, nahm er ihn in seine Arme. Was für einen gesunden Stammhalter hatte seine Frau ihm geboren! Ob er dem Vater ein wenig ähnlich sah? Oder kam er mehr nach der Mutter? Tyr und Brigid einigten sich, dass Njörd-Brendan ihnen beiden wie aus dem Gesicht geschnitten sei…

Tyr musste erzählen. Eine lange Odyssee lag hinter ihm. Der enttäuschende Aufenthalt in der Heimat, der geplante Rachefeldzug sowie die Wochen in der Gefangenschaft mit den einsamen Tagen und Nächten in der Waldhütte des Klosters zogen noch einmal an ihm vorüber. Doch den nächtlichen Sturz in die Grube, die Fursa ihm gegraben hatte, streife er nur mit wenigen Worten. Er war einer der schmerzlichen Niederlagen in seinem jungen Leben gewesen. Je länger Tyr berichtete, umso ruhiger wurde er. Das ungestüme, aufbrausende Temperament, das ihn im Bannkreis von Molana beherrscht hatte, legte sich von einer auf die andere Stunde. Er war mit einem Male wieder der friedfertige und einfühlsame junge Mann, dessen ganzes Bestreben war, mit Brigid zusammen zu sein und für sie und das Kind zu sorgen.

Auch Brigid erzählte. Jetzt erst wurde Tyr bewusst, in welcher unglücklichen Lage er seine junge Frau zurückgelassen hatte, schwanger, einsam und unversorgt, weil er von dem Gedanken der Rache für seinen ermordeten Vater und die einsam gestorbene Mutter zutiefst eingenommen worden war. „Ich kann dich nur aufrichtig um Verzeihung bitten“, stammelte er, als Brigid geendigt hatte, „doch verstehe ich auch, wenn die erbetene Nachsicht mit mir über deine Kräfte geht.“ Birgid lächelte. „Heißt es nicht in den Sprüchen des Alten Testamentes: Die Liebe deckt alle Verfehlungen zu?“

„Davon weiß ich noch nichts“, erwiderte Tyr. „Jedoch werde ich wohl noch vieles von dem, was in den Büchern der Christen steht, lernen müssen.“ Er dachte plötzlich an Fursa, der ihn mit seinen weisen Worten manchmal genervt hatte und den er jetzt gar nicht mehr als so feindselig empfand.

Lange beratschlagte das junge Paar, was zu tun sei. Die Bitte des Abtes Comgall um Vermittlung zwischen seinem sowie den anderen Klöstern und den Wikingerclans siegte schließlich über die persönlichen Wünsche nach einem eigenen, gesicherten Familienleben, und so entschlossen sich Tyr und Brigid, weiter nach Norden, in Tyrs einsame Heimat, zu reisen. Sie fanden schließlich ein Schiff, das sie auf die Insel brachte, auf der Tyrs Brüder und Angehörige lebten. Dort empfing man sie feindselig. Während Brigid und Njörd-Brendan sich in das Haus einer Cousine Tyrs zurückzogen, klopfte Tyr bei der Verwandtschaft an. Man gestattete ihm zunächst nicht, die Gräber seiner Eltern aufzusuchen, sondern geleitete ihn sofort zum neuen Anführer des Clans. Dort musste Tyr Ottar und der versammelten Familie sowie auch dem zur Verhandlung hinzugezogenen Vali die Vorgänge, die zu seinem Sturz in die Grube und zu seiner Gefangennahme geführt hatten, genau erläutern. Es kam auch die Rede auf ein verschwundenes Pergament, das ausgerechnet seit dem letzten Besuch Tyrs in Solvis Haus nicht mehr auffindbar gewesen sei, weshalb man ihn nun des Diebstahls bezichtigte, denn niemand außer Tyr war später in dem Raum gewesen. Tyr räumte nach einigen Ausflüchten ein, das Schriftstück genommen zu haben. Er habe während des Überfalls auch die Eiche aufgespürt und neun Schritte nach rechts abgeschritten, wie es im Plan vermerkt gewesen sei. In der Höhe aber habe er nichts vorgefunden außer den Resten einiger morscher Bretter. Enttäuscht darüber habe er nicht auf den Waldboden geachtet und sei in die Grube gestürzt.
Zunächst wollte ihm niemand glauben. Die Heftigkeit des Wortwechsels, der nun einsetzte, ließ Tyr ermessen, wie bedeutsam der hier ursprünglich verborgene Schatz gewesen sein musste und wie groß nun die Enttäuschung war. Svan meinte, wahrscheinlich habe Tyr den Fund im Wald versteckt oder er sei mit ihm in die Falle geraten und von den Mönchen konfisziert worden. Doch dieser Vermutung mochte niemand folgen, da,

wie man wusste, die Mönche nicht auf Reichtümer aus waren. Um was es sich bei dem Schatz im Einzelnen handelte, erfuhr Tyr nicht.
Auch die Hintergründe, weshalb man ihn im Kloster jetzt frei gelassen und warum man ihn mit einer Botschaft betraut hatte, bedurften einer ausführlichen Meinungsäußerung. Es war nicht leicht, Vali zu überzeugen, die Abtei Molana in friedlicher Absicht aufzusuchen und mit dem Abt zu verhandeln. Der Wikinger zögerte lange. Schließlich hatte er hier durch Tyrs Fehlverhalten einen genauestens geplanten Überfall aufgegeben und seine Ehre verspielt. „Warum sollen wir um etwas bitten, das wir uns ohne Anstrengung nehmen können?“, lautete Valis erste Stellungnahme. „Und ausgerechnet du bittest mich, der du dich mit deinen Verwandten und Solvis Familie entzweit hast?“
„Ich bin der Sohn eines hinterhältig ermordeten Vaters“, erwiderte Tyr scharf. „Das Gesetz gebietet, ihn zu rächen. – Doch dazu ist es nicht gekommen, vielleicht sogar mit Odins Hilfe. Denn ich möchte gegen niemanden mehr ein Schwert führen oder eine Keule schwingen.“
„So? Und woher der Sinneswandel, du Verräter deines Stammes?“
„Ich habe niemanden verraten. Ich bin aber durch meine Erlebnisse bei den Mönchen und vor allem durch das Leben mit Brigid zu der Überzeugung gelangt, dass viele Probleme ohne Kampf, vielmehr mit den Waffen des Geistes zu lösen sind.“
„Aha!“ Vali stampfte mit dem Fuß auf. „So einfach machst du dir das. Diese christliche Lehre, auf die du in Wahrheit anspielst, hat dir ganz schön den Kopf verdreht.“
„Nein, Vali. Ich hatte schließlich genügend Zeit zum Nachdenken. Wer gefangen war wie ich und in einer Waldhütte sein Leben fristen musste, an einem Ort, wo sich Fuchs und Hase gute Nacht sagen, der kommt auf andere Gedanken, auch auf andere als die der Rache und Vergeltung. Ich gebe zu,

ich habe eine gewisse Zeit gebraucht, um zu dieser Einsicht zu kommen. Zunächst habe ich tatsächlich nur an mein Schwert gedacht und geglaubt, alles nur mit seiner Hilfe lösen zu können. Doch davon bin ich nun weit entfernt."
Vali lachte laut auf. „Bist also ein Weib geworden, das hinter dem Ofen sitzt und Strümpfe stopft? Ein Weichling, der sich an Mutters Brust ausweint, statt auf die Kraft seiner Arme zu vertrauen? Alles hätte ich von dir erwartet, nur dies nicht."
Da Tyr schwieg, nutzte Vali die Gelegenheit, Tyr noch mehr herauszufordern. „Hättest du mir auf den Kopf zu gesagt, was ich dir gerade vorgeworfen habe, so säße ich nicht wie du teilnahmslos auf einem Hocker, sondern stände mit gezücktem Schwert vor dir, um dich zum Zweikampf herauszufordern. Du schweigst. Nun, was ist? Kämpfst du oder gibst du klein bei?"
Tyr regte sich nicht und senkte die Augen. Ein erstauntes Raunen ging durch die Versammlung. Skarf meinte, dass Tyr dem Einfluss der Christen und ihrer Religion erlegen sei. Man beschloss, die Verhandlung zu vertagen und am anderen Tag fortzusetzen.
Tyr ging nachdenklich in das Haus seiner Cousine zurück und berichtete Brigid vom Stand der Dinge. Sie trug Njörd-Brendan auf ihrem Arm. „Gesetzt den Fall, Vali und seine Mannen nehmen die Verbindung mit Molana auf, ich wäre einer der ersten, die dort siedeln würden. Auch wenn mich dieser Mönch Fursa und seine Kompagnons gefangen gehalten haben, ich sehe ein, dass die Menschen in Frieden miteinander leben müssen. Das wäre auch in Hallgrims, meiner Mutter Sinn. Abt Comgall hat mich durch sein friedfertiges Beispiel überzeugt. Wenn du und ich ein eigenes Feld erwerben und uns ein schönes Haus bauen wollen, dann wäre die Stelle am Eichenwald das richtige Stück Erde."
„Du ziehst mit mir nach Irland? Nach Molana? Dort in der Nähe steht mein Elternhaus!", jubelte Brigid. Dann wurde sie traurig. „Ach, wenn meine geheime Sehnsucht auch wahr wird –

meine Mutter wird unser Glück nun nicht mehr mit uns teilen können."

Die Gespräche nahmen am nächsten und an den folgenden Tagen ihren Lauf. Die Meinungen prallten wie Schwerter aufeinander, hart, kontrovers und unversöhnlich. Verhandeln – das war ein Wort, das im Wikingersprachgebrauch einen schlechten Klang besaß. Ein Wikinger nahm sich, was er brauchte, er kämpfte darum, zwang den Gegner in die Knie. Doch die besonnenen Männer führten ungewohnte Argumente ins Feld, nämlich, dass die Clans und Sippen neuen Siedlungsraum benötigten und dass die gewaltsame Landnahme zweifellos Menschenopfer erfordern würde. Am Ende siegte die Vernunft. Es waren etwa hundert junge Leute des Dorfes, die gewillt waren, an die irische Südküste auszuwandern. Brigid freute sich unbändig, endlich die alte Heimat und ihren Vater wiederzusehen.

Auch eine weitere Einigung kam zustande: Die mit Tyr im Streit liegende Sippschaft musste fünf Pfund Silber zahlen, um den heimtückischen Mord an Agmundr aus der Welt zu schaffen. Dann gaben sich die verfeindeten Familien vor Valis Augen die Hand. Damit waren der Mord gesühnt und alle weiteren Ansprüche auf Wiedergutmachung erloschen. Tyr atmete auf.

Ein halbes Jahr später erschien eine Delegation mit Vali an der Spitze in Molana. Als Ronan die Landung der Wikinger in der Blackwater-Bucht meldete, beschlich die Mönchsgemeinschaft banges Entsetzen. Kam der Clanchef der Wikinger mit seinen Kriegern als Feind oder wirklich als siedlungswilliger Verhandlungsführer?

Comgall ging der Mannschaft mit einigen Mönchen, darunter Brenach und Findbar, entgegen. Als sich die Männer gegenüberstanden, legte der Abt die rechte Hand auf sein Brustkreuz und verneigte sich leicht. Vali stand fest wie ein Fels mit düsterem Blick vor ihm, mit der Rechten stützte er sich auf sein Schwert.

„Sei willkommen", sagte der Abt und trat zur Seite. Vali antwortete nicht, doch grunzte er befriedigt. Dass ihm freiwillig der Vortritt gewährt wurde, erfüllte ihn mit Genugtuung. Er packte den Abt am Arm und bedeutete ihm, dass er an seiner Seite gehen sollte. Die Wikinger forderten die Mönche auf, sich anzuschließen. Sie selbst bildeten den Schluss. Aídan und Macartan, die unmittelbar vor den Kriegern gingen, fühlten sich unwohl. Alle Sekunden sahen sie sich um, ob die Wikinger auch nicht ihre Waffen zögen, um sie hinterrücks zu erdolchen. Aber die Fremden blieben friedlich, neugierig sahen sie sich im Klosterbereich um.

Am Eingang zum Speiseraum stand der Mönch Cadroe mit einer großen Schüssel Wasser. Vali tauchte seine Hände hinein. Dann kam ein zweiter Wikinger an die Reihe, ihm folgte der dritte. Cadroe bekundete, dass er das schmutzige Wasser wegschütten und neues bringen werde, doch der Anführer der Wikinger wehrte ab. Alle Krieger wuschen sich dem Rang nach Hände und Gesicht in demselben Wasser. Der vorletzte spuckte sogar hinein. Dann bot Vali dem Mönch die trübe Brühe zum Trunk an. Entsetzt, aber zum Gaudi der Seeleute suchte Cadroe das Weite. Im Refektorium war der Tisch gedeckt. Moluag hatte trotz der Fastenzeit ein Schwein schlachten und auftragen lassen. Dazu gab es frischgebackenes Brot und je einen Krug Met.

„Nehmt Platz und lasst es euch schmecken!", forderte Comgall seine Gäste auf. Vali schnitt ein saftiges Fleischstück aus dem Rücken des Tieres und hielt es dem Abt vor den Mund.

„Da, iss!", forderte er ihn auf.

Comgall wollte mit Hinweis auf die Fastenzeit der Mönche zunächst dankend ablehnen, doch dann besann er sich und nahm das Fleisch an. Die Verweigerung könnte als Brüskierung des Gastes verstanden werden, und zudem wollte sich Vali wahrscheinlich vergewissern, ob das Schweinestück nicht vergiftet war. Comgall aß und auch Vali griff zu. Dann ließen es sich auch die Krieger schmecken. Als Vali satt war, stieß er das Messer in den Tisch und erhob sich. Sogleich hörten alle zu essen auf und sahen ihren Vorgesetzten gespannt an. Vali wischte sich das Messer an der Kleidung ab und steckte es in den Gürtel.

Der Abt lud seinen Gast in die Bibliothek ein, wo er die Verhandlungen im kleinen Kreis zu führen gedachte. Doch die Wikinger folgten ihrem Anführer in den Raum. Comgall gab Brendan ein Zeichen, dass er auch den Prior und Subprior sowie Kevin und Munchin holen solle, die zu den besten schreibkundigen Mönchen des Klosters gehörten. Sie sollten das Protokoll führen.

Als Vali mit einem Zungenschnalzen die Reihen der kostbaren Bücher inspiziert und große Augen bekommen hatte, ließ er sich auf Bitten des Abtes in einem hölzernen Sessel nieder. Er kramte ein birnengroßes Bernsteinstück hervor, das in ein Taschentuch eingewickelt war, und knallte es auf den Tisch. „Geschenk!“, sagte er und blickte erwartungsvoll auf seinen Gastgeber. Comgall bedankte sich artig und nahm das Präsent in Augenschein. Bernstein kannte er bisher nicht, er hatte gehört, dass es in den weiten Uferlandschaften der Ostsee zu finden und ein kostbares Material sei, mit dem man sicher auch den Knauf eines Kelches verzieren konnte. Der Abt hatte gelesen, dass es sich um das fossile Harz ausgestorbener Nadelholzbäume handelte. Dieses Stück war klar, honiggelb und tropfenförmig, nach unten allerdings etwas trübe. In seiner Mitte war ein dicker Käfer eingeschlossen. Seit er bei einem Besuch in Ardagh den berühmten Silberkelch gesehen hatte, der ursprünglich zur Spendung des eucharistischen Weines an die Gläubigen verwendet wurde, war dem Abt klar, wie herrlich das

Dekor der Kelche sein konnte. Ardagh wurde, was den Wert künstlerischen und handwerklichen Könnens betraf, weder auf der „grünen Insel“ noch auf dem Kontinent noch einmal erreicht. Zu seiner Verzierung hatte man neben Gold, Silber und Kupfer auch Glaspaste, Glimmer, Malachit und Kristall genutzt. Hoffentlich, durchfuhr es Comgall, war der nach byzantinischem Vorbild angefertigte kostbare Schatz nicht bei einem Raub den Wikingern in die Hände gefallen.

Comgall hatte eine Landkarte anfertigen lassen, auf der nicht nur der Klosterbezirk umrissen war, sondern auch die zur Abtei gehörenden Felder und Wälder eingezeichnet waren. In einem Teilbereich erstreckte sich das Eigentum des Klosters wie ein breiter Gürtel am Ufer des Blackwater-Rivers entlang. Es war fruchtbares Land, saftige Wiesen wechselten mit bebauten Böden, dann folgten Schilfregionen mit moorigem Grund. Dieses Gebiet wollte Comgall an Vali abtreten, wenn er es mit den Seinen friedlich nutzen wolle. Der Wikingerhäuptling bestaunte die Zeichnung; er konnte sich nicht vorstellen, dass hier in kleinen Quadraten maßstabgerecht aufgezeichnet war, was er draußen bei einem Ritt durchs Gelände unter die Hufe nehmen konnte. Aber er wollte sich selbst ein Bild von der Beschaffenheit des Landes machen, und so bestieg er einen Wallach des Klosters und galoppierte in Begleitung des Abtes in die Natur hinaus.
Die gestärkte Wikingermannschaft lagerte nach dem Festschmaus unter den Bäumen seitab und hielt ein erholsames Nickerchen, während die Mönche in der Kirche den Himmel bestürmten, dass die Verhandlungen zu einem guten Ende kommen möchten. Ob Comgall ein guter Verhandlungsführer war?

Vali und der Abt kamen von ihrem Ausflug zurück. Comgall war bleich und sah erschöpft aus, während Vali rote Wangen hatte und munter vor sich hin pfiff. Die Mönche blickten betreten drein, offenbar hatten ihre Gebete nicht den nötigen Rückhalt im Himmel gefunden.
„Wir werden einen Vertrag machen“, rief der Wikinger, während er vom Pferd sprang. Seine Genossen scharten sich neugierig um ihn. Vali beorderte Tyr zu sich. „Deine Gefangenschaft in Ehren. Du hast deinem Volk einen großen Dienst erwiesen. Denn wir bekommen ein schönes Stück Land, ohne noch einmal kämpfen zu müssen – einfach geschenkt. Ich habe noch nie erlebt, dass uns jemand etwas geschenkt hat, sondern wir mussten es mit Feuer und Schwert erobern. Meine Brüder, wir können zufrieden sein!“
Die Mönche sahen ihren Abt an und erwarteten eine Erklärung. Comgall saß noch immer auf seinem Wallach und blickte ins Weite. Einen Augenblick zögerte er, dann stieg er bedächtig ab und überreichte Ronan die Zügel. Seine Stimme klang fest, doch weniger begeistert: „Auch wir können zufrieden sein, meine Brüder. Wir haben ein Herzstück Land um einen hohen Preis abgetreten, um den Preis des Friedens. Einer der Könige dieser Region hat es vorzeiten Máel Anfaid geschenkt, damit sich hier eine friedliche Klostergemeinschaft ansiedle. Nun geben wir einen beträchtlichen Teil dieses Bodens an diesen Wikingerstamm weiter, damit er sich hier in friedlicher Absicht niederlasse und gute Nachbarschaft zu uns halte. Damit nicht auch andere Clans Anspruch auf dieses Land erheben, werden wir einen Vertrag schließen, der – so hoffen wir – für immer dauert. Möge Gott uns beistehen!“
„Amen!“, riefen die Mönche.
Eine Anzahl Mönche und einige Wikinger drängten in die Bibliothek, wo Comgall auf der Unterzeichnung eines Schriftstücks bestand, das die wesentlichen Abmachungen in Punkten festhielt. Doch Vali sah das Pergament misstrauisch an,

drehte es nach allein Seiten und ließ es schließlich auf den Boden fallen. Er konnte nicht schreiben.
„Mein Händedruck ist haltbarer als Papier“, erklärte Vali. „Verträge schließen Menschen durch ihr Wort, nicht durch Tinte.“
„Aber unsere Absprache soll doch über unseren Tod hinaus Bestand haben“, erregte sich der Abt, „für alle Zeit!“
„Dieser Vertrag ist ein Vertrag zwischen dir und mir. Nach uns muss es neue Verträge geben, zwischen deinem Nachfolger und meinem Nachfolger. Mögen sie so klug sein wie wir beide“, entschied der Häuptling.
Comgall wollte aufbegehren, doch als er die Entschlossenheit in Valis Gesicht sah, zog er es vor zu schweigen.
„Du hast einen großen Fehler gemacht, als du Fursa nach Hause zurückschicktest“, beschwerte sich Brenach. „Er kannte die Mentalität der Wikinger besser als wir und hätte uns sicher einen Rat geben können, wie wir uns in diesem Falle richtig verhalten.“
Ein strafender Blick des Abtes traf den Sprecher. „Du meldest dich nachher, ich werde deinen Einspruch nicht hinnehmen.“
„Das wirst du aber müssen“, begehrte Brenach auf, „denn es gibt zahlreiche Beispiele von Vertragsbruch. Fursa hat mir einmal erzählt, wie die Nordmänner die Stadt Meaux belagerten. Sie stellten Wurfmaschinen auf und errichteten einen Damm, um die Stadt zu erobern. Und da die eingeschlossene Bevölkerung durch die Belagerung ermattet und durch Hunger entkräftet war und sah, dass von keiner Seite Hilfe kommen werde, fingen die Menschen an, Verhandlungen mit den Normannen, die sie kannten, zu führen und durch die Übergabe der Stadt ihr Leben zu retten. Das wurde ihnen zugesichert. Doch als die Stadttore geöffnet und den Christen der Weg frei gemacht worden war, sie kaum die Marne überschritten und sich weit von der Stadt entfernt hatten – da brachen die Normannen zu ihrer Verfolgung auf und machten den Bischof mit dem ganzen

Volk zu Gefangenen. So etwas, Comgall, nennt man Wortbruch. Und du wirst das gleiche Schicksal erleiden, denn du hast Molana leichtfertig aufs Spiel gesetzt."
Der Abt war außer sich. Augenblicklich befahl er einigen Mönchen, Brenach aus dem Raum zu schaffen. Widerstrebend baten Aídan und Fridolin den Mitbruder, ihnen zu folgen.

Brenach suchte die Klosterkirche auf. Nachdem er von Aídan und Fridolin hinausgeleitet worden war, schüttelte er seine Begleitung ab. „Lasst mich in Ruhe. Ich komme auch ohne euch zurecht." Die beiden Mönche blickten ihm traurig nach.
Das Gotteshaus lag im späten Glanz des Herbstnachmittages. Die Umgebung verströmte Wärme, drinnen war es kühl.
Brenach setzte sich nicht auf seinen Stammplatz im Chorgestühl, denn er hatte plötzlich das Gefühl, nicht mehr zur Gemeinschaft zu gehören, sondern durch die Worte des Abtes zum Außenseiter abgestempelt worden zu sein. Er ließ sich in der vorletzten Bank des Kirchenschiffes nieder, in dem die Christen aus der Umgebung gewöhnlich ihren Platz hatten. Das Sonnenlicht flutete in hellen Bahnen durch die hohen Fenster und erhellte die Farben und Figuren an den Wänden. Eine Reihe irischer Heiliger stand beidseitig aufgereiht, die großen Vorbilder, nach denen die Mönche von Molana ihr Leben ausrichten sollten. Darunter war auch der hl. Brenach.
Was wusste Brenach von seinem Namenspatron? Er war ein Mönch, der sich in Wales niedergelassen und seine Zelle am Fuß des Berges Carn-Englyi – Berg der Engel – bei Nefyn auf der Halbinsel Lleyn eingerichtet hatte. Der Berg hieß so, weil der hl. Brenach auf der Spitze des Berges mit den Engeln gere-

det hatte. Doch in den Heiligenviten stand nicht einmal, wann er genau gelebt hatte. Das muss im 5. Jahrhundert gewesen sein.

Brenach stellte sich vor, dass er sich dem Strom der vielen Heiligen anschließen könnte, die Irland noch immer wie Auswanderer verließen, um in Europa das Christentum zu verkünden. Einige waren sogar über die Ostsee bis Kiew gezogen, hatten Klöster und Kartausen gegründet, andere hatten sich nach Süden auf den Weg gemacht, wie das Beispiel des hl. Columban zeigte, der allenthalben verehrt wurde. Die Missionare vertrauten auf das Wirken des Heiligen Geistes, deshalb predigten und tauften sie nur und zogen dann weiter. Sie verzichteten darauf, Gemeinden und Diözesen zu bilden, das überließen sie widerstrebend den von Rom ausgesandten, das Evangelium predigenden Priestern, die die zum Christentum bekehrten Männer und Frauen in eine Verwaltungsordnung einbanden, die den Iren nicht lag.

Als Brenach sich in seiner Vorstellung schon auf einem der Schiffe befand, die den Ärmelkanal Richtung Gallien kreuzten, spürte er einen leichten Stoß an der Schulter. Er blickte sich erschrocken um und sah in das grinsende Gesicht Tyrs, der der Vertragsunterzeichnung offenbar entwischt war. Tyr hatte wohl beobachtet, dass Brenach den Raum verlassen musste, doch die Worte des Abtes hatte er nicht verstanden.

„Wohnt hier dein Gott?“, erkundigte sich der Wikinger und sah sich neugierig um. Er sprach inzwischen ein perfektes Gälisch.

Der Mönch nickte.

„Wie lange wird er hier bleiben? Drei Jahre, zehn, oder fünfzig?“

„Ewig – hoffe ich“, erwiderte Brenach.

„Es sei denn, ein Wikingerstamm überfällt das Kloster ein drittes Mal und zerstört eure Heiligtümer, nicht wahr?“, frotzelte Tyr und lachte.

„Dank deiner Rachegelüste gegen einige dir feindlich gesonnene Familienmitglieder ist der zweite Überfall ja Legende geblieben, weißt du nicht mehr?“
Tyr brummte etwas in seinen Bart, das wie „verzeihen“ klang.
„Auch wenn du oder deinesgleichen den Altar zertrümmern, wird Gott nicht weichen. Sein Geist ist überall.“
„Auch in einer abgebrannten Kirche?“, wunderte sich Tyr.
„Auch dort.“
„Unsere Götter streiten. Sie führen sogar Kriege miteinander – und können sterben.“
„Unser Gott ist die Liebe, die Liebe streitet nicht und stirbt nie.“
Tyr schwieg, als müssten die Worte erst sein Herz erreichen.
„Was bedeutet denn das rote flackernde Licht?“
„Es zeigt uns die Gegenwart Gottes an“, klärte der Mönch auf. „Es wirkt beruhigend, findest du nicht?“
Der Wikinger starrte gebannt nach vorn. „Das große Auge über dem Altar in dem Dreieck aus Strahlen – ist das euer Gott?“
„Es ist ein Bild für ihn. Wir wissen nicht, wie Gott aussieht oder ob er nur Geist ist.“
„Quatsch!“, rief Tyr. „Schau doch genauer hin: Euer Gott hat nur ein Auge wie Odin.“
„Unser Gott heißt nicht Odin, er trägt keinen Namen außer Gott. Aber wir dürfen ihn Vater nennen. Das ist eine große Auszeichnung.“
„Vater?“ Tyr verließ die letzte Bank und rutschte neben Brenach. „Du wirst Ärger bekommen mit deinem Abt. Ich glaube, eine Strafe ist unausweichlich“, bemerkte er teilnahmsvoll.
„Ich habe ihm nur gesagt, wie falsch er gehandelt hat.“
„Falsch für euch Mönche, gut für uns Wikinger. Aber ich werde dir helfen.“
„So? Wie denn?“ Brenach war ganz Ohr.

„Ich werde Vali überzeugen, dass es gut ist, den Vertrag für alle Zeit anzuerkennen – nicht nur für sein und des Abtes Leben."
„Hm! Wie willst du das denn bewerkstelligen?"
„Indem ich unseren Wikingerhäuptling darauf aufmerksam mache, dass ein anderer Wikingerstamm neben ihm zahlenmäßig immer größer wird und dass es besser ist, den Bestand des jetzt vom Kloster geschenkten Landes zu beurkunden. Sonst kommt in zehn, fünfzehn Jahren jener andere Clanchef und beansprucht ein Gebiet, das ihm nicht gehört, weil es vertraglich nicht mehr gesichert ist."
Brenach fasste nach Tyrs Arm. „Wenn du das für mich und unser Kloster tun willst, ist das ein großes Zeichen. Ich bewundere deinen Scharfsinn und bin dir sehr dankbar." Der Mönch suchte mit seiner rechten Hand nach der des Wikingers. „Tut mir leid, dass du unser Gefangener warst."
„Ihr habt mich nicht gefoltert, mir nicht die Nase abgeschnitten, nicht die Augen ausgestochen, nicht einen Arm abgehackt. Du und deine Freunde – ihr wart eben doch dumme Wärter. Ich helfe dir, denn ich habe Mitleid mit euch."
Brenach verspürte plötzlich ein großes Dankgefühl gegenüber dem Wikinger. Mitleid – das war ein Begriff, den es im Wortschatz dieses Volkes nicht gab. Hier zählte die Vergeltung, das Auge um Auge. Ob Tyr in der kurzen Zeit seiner Gefangenschaft und seines erneuten Aufenthaltes in Molana schon ein Quäntchen der christlichen Botschaft begriffen hatte?
„Ich werde, bevor deine Leute dort eintreffen, für dich und Brigid das schönste Fleckchen Land am Blackwater-River reservieren, damit ihr dort euer Haus bauen könnt", flüsterte Brenach.
Tyr grinste. „Und für Njörd-Brendan."
Brenach stand zu seinem Wort. Er steckte ein ansehnliches Areal ab, das an seiner Südseite direkt in den Blackwater-River grenzte. Die Ansiedlung Tyrs und seiner Familie erlebte er aber nicht mehr. Er bat seinen Abt nach dem von der Öffentlichkeit

nicht unbemerkten Disput um den Vertragsabschluss um Dispens von der „stabilitas loci“ und äußerte seine Absicht, in ein Kloster der Bretagne überzusiedeln. Die Überfahrt war in Curraghs in drei Tagen und Nächten zu schaffen. Curraghs waren Schiffe aus Holz und Weidengeflecht, die mit einer Lederhaut bespannt waren, die man vorher in einer Lohe aus Eichenrinde gegerbt hatte. Viele irische Missionare nutzten sie, um nach Gallien und ins westliche Europa zu kommen. Seit der Bericht von der Segelfahrt des hl. Brendan Richtung Westen, die „Navigatio Sancti Brendani“, in vielen Klöstern Bestandteil der Bibliotheken war, wusste man, dass die Boote seetüchtig waren, um größere Entfernungen zu meistern.
Brenach wollte jedoch nicht in Unfrieden von Molana scheiden. Und auch Comgall duldete nicht, dass die Auseinandersetzung das letzte Wort zwischen ihnen gewesen sein sollte. Bevor er zu seiner Bootsfahrt in Begleitung anderer ausreisewilliger Mönche aus anderen Abteien in die Bretagne aufbrach, suchte Brenach den Abt auf, um von ihm den Reisesegen zu erbitten. Statt in die Klosterkirche führte Comgall ihn zunächst zur Waldhütte, in der Tyr Wochen der Gefangenschaft zugebracht hatte. Auf die verwunderte Frage, was hier noch zu tun sei, sagte Comgall: „Ich bitte dich, eine versiegelte Truhe aus Eisen mitzunehmen, die unter der Hütte im Erdreich versteckt ist.“
„Hier in der Erde?“, rief Brenach verwundert. „Von dem Wikinger kann sie wohl nicht stammen, Vater Abt?“
„Nein. Er hat nicht einmal bemerkt, über welchem Schatz er schlief.“
„Und was hat es mit der Truhe auf sich?“
Comgall blickte über Brenach hinweg, als sehe er ins Weite. Mit der Antwort ließ er sich Zeit. Schließlich sagte er: „In der Truhe ruht in einem reliquienähnlichen Schrein eine Scheibe, eine Himmelsscheibe zur Bestimmung kosmischer Vorgänge. Niemand von uns hat sie je gesehen, denn in ihr ist eine unbekannte, magische Kraft verborgen, die wir nicht freisetzen wol-

len. Wir kennen sie nur vage aus Beschreibungen. Doch ich bin sicher, dass sie vor undenklichen Zeiten Menschen einmal eine große Hilfe war. Wir wissen nicht, woher sie stammt, wer sie dem Kloster vermacht hat, doch muss sie schon sehr, sehr alt sein. Diese Himmelsscheibe mitzunehmen, Brenach, bitte ich dich. Denn ihr Ursprungsland ist wohl der Kontinent, nicht unsere ‚grüne Insel'. Vielleicht kam sie zur Zeit der Völkerwanderung hierher, vielleicht befand sie sich auch im Gepäck der koptischen Mönche, die aus Ägypten aufgebrochen waren, um uns in der ‚hintersten Ecke der Welt' einen Besuch abzustatten und unsere Spiritualität kennenzulernen. Die Himmelsscheibe an einem schönen Platz auf dem Festland zu vergraben, darum bitte ich dich, damit sie den Boden heiligt, aus dem sie entstammt. Leg die zwei gekreuzten Schwerter, die wir bei ihr entdeckt haben, wieder zu ihr, ja, bedecke sie damit. Jene Schwerter waren wohl als geistiger Schutz gedacht, und sie sollen auch weiter vor unbefugten Zugriffen schützen."
Abt Comgall griff in der Waldhütte nach einem der Werkzeuge, die hier gelagert waren, und begann zielstrebig die Erde an einer bestimmten Stelle zu lockern. Brenach wollte ihm die Arbeit abnehmen, doch Comgall duldete es nicht. Er persönlich wollte die Eisentruhe freilegen. Dem Mönch brannten viele Fragen auf den Lippen, so, wer sonst von der Himmelsscheibe Kenntnis hatte, oder ob Tyr, der Wikinger, möglicherweise nicht doch von ihrer Existenz gewusst habe – doch an der verschlossenen Miene des Abtes sah Brenach, dass er nicht zu reden wünschte. Sie packten den Fund sorgsam auf ein Brett, befestigten ihn mit Lianen und bedeckten ihn mit einem Tuch. Dann trugen sie ihn in die Nähe der Klostermühle. Den Klosterbereich betraten sie mit ihm nicht.
Am nächsten Morgen schied Brenach von Molana. Der Abt versammelte den Konvent und die Mönche, die mit Brenach zur großen Reise aufbrachen, in der Kirche und erteilte ihnen den Reisesegen.

„Wohin ich auch gehe,
wie weit ich meine Schritte auch lenke,
solange ich auch unterwegs bin – wo Gott ist, bin ich am Ziel.
So wie du bei mir warst,
als du meine Seele formtest,
so sei auch bei mir,
wenn ich das Ziel meines Lebens erreiche.
Verlass mich jetzt nicht,
was ich auch tue,
wo ich auch bin.
Ob ich gehe oder stehe, liege oder schlafe –
wende dein Auge nicht von mir,
du Gott voller Treue."

Als Tyr fast neunzig Jahre alt war und im Sterben lag, ließ er sich von Laserian taufen. Götter, die sich bekriegten und schließlich starben, konnten nicht die wirklichen Herrscher in der himmlischen Welt sein. Der Christengott erschien Tyr wahrhaftiger, ewiger und barmherziger. Brigid war ihm immer ein großes Vorbild an Herzenswärme, Menschlichkeit und Nächstenliebe gewesen. Die anderen Mitglieder des Clans blieben ihrer alten Götterwelt vorerst noch treu, doch ist bekannt, dass viele Wikinger ihre raue ungebändigte Natur ablegten, schließlich das Christentum annahmen und überzeugte Glieder der Kirche wurden.
Doch nicht alle Mönche, die zuvor die asketische Lebensweise gesucht und in Stille und Beschaulichkeit ihren Dienst verrichtet hatten, liebten die Nachbarschaft der neuen Siedler. Keine Frage, es kam zu manchen kleinen Zusammenstößen, zu unfreundlichen Begegnungen und auch zu handfesten Streitereien, die sowohl den Häuptling der Wikinger als auch den jeweiligen Abt Molanas auf den Plan riefen. Mancher der nun frommen Mönche bewahrte die Erinnerung an kriegerische Zeiten, in denen er auf Schwert und Lanze nicht verzichtet,

sondern sich mit Begeisterung in das Kriegsgetümmel gestürzt hatte.
Brenach und seine Begleiter hatten lange gezögert, in welchem Kloster sie um Aufnahme bitten sollten. Die Abteien in Gallien erfreuten sich großen Zuspruchs, das Land war weitgehend christianisiert, auch wenn es immer wieder zu einzelnen Rückfällen in heidnische Gebräuche kam. Auch in den fränkischen Territorien Germaniens litt man nicht unter Nachwuchsmangel, viele junge Leute strebten danach, Mönch oder Nonne zu werden. So entschlossen sich die irischen Einwanderer, zunächst als Wanderprediger tätig zu sein, wie viele ihrer Vorläufer. Auf den Fußmärschen durch gebirgiges, flaches und hügeliges Land trafen sie auf viele Menschen, die zwar getauft worden waren, die jedoch wenig Kenntnis von der christlichen Religion hatten. Hier bestand ein großer Nachholbedarf.
Im Gepäck Brenachs befand sich noch immer die Eisentruhe mit der Himmelsscheibe. Neugierige Fragen nach ihrer Bedeutung hatte der Mönch stets abzuwehren gewusst, wusste er doch selbst nicht genau, welchen Zwecken sie gedient hatte. Hatte Abt Comgall ihr Geheimnis mit ins Grab genommen? Dass es sich um einen Mond- und Sonnenkalender handelte und so bedeutsam war wie die Ringanlage des britannischen Stonehenge, schien längst bekannt zu sein, darüber bestand auch kein Zweifel. Doch Näheres wusste man nicht. Mit der Zeit wurde die Truhe mit dem kostbaren Inhalt zur Qual. Die Wandermönche waren meist zu Fuß unterwegs, und selbst wenn sich jeweils zwei Männer den Transport teilten, so brauchten sie doch viel Zeit, um den Schatz von einer Predigerstätte zur nächsten zu befördern. Zeitweise übertrugen sie auch einem Esel, der ihnen von einer frommen Frau geschenkt worden war, die Last. Als sie eines Tages in die Nähe eines kleinen Flusses mit Namen Unstrut kamen, wurde der Missionar Ewald von einer großen Unruhe ergriffen, die sich bald auf die anderen Mönche übertrug.

„Mir ist, der Schrein mit der Sonnenscheibe nimmt täglich an Gewicht zu“, sagte er argwöhnisch, „dabei hat doch niemand die Eisentruhe geöffnet und ihr etwas hinzugefügt.“
„Du bist erschöpft, Ewald, und deine Mitbrüder sind es ebenso. Wie lange ziehen wir schon im Land umher! Wir werden nicht jünger und unsere Kräfte nehmen allmählich ab. Wir werden uns eine längere Ruhepause gönnen müssen.“
Doch Ewald ließ sich nicht beirren, dass es einen anderen Grund für die Gewichtszunahme geben müsse. Auch die anderen Mönche überzeugten ihren Bruder Brenach, dass es nun an der Zeit sei, sich von der Truhe mit der Himmelsscheibe zu trennen. An Verkauf dachten sie nicht, obgleich die Truhe Begehrlichkeiten weckte und mancher Kaufmann oder Strauchdieb sie verlangend ansah. Die Mönche dachten an eine Erdbestattung. Vielleicht hatten sie instinktiv erfasst, dass der Boden, in den sie den Schatz senken wollten, der ursprünglichen Erdbeschaffenheit seiner Herkunft sehr ähnlich war, ja, dass die kostbare Reliquie gleichsam an einen Platz zurückkehrte, der ihrer Entstehungszeit annähernd glich.
Doch bevor Brenach endgültig seine Zustimmung zur Trennung von der ihm anvertrauten Truhe gab, fragte er die Mönche reihum nach ihrer Meinung. Einige hatten ihren Transport von jeher als Zumutung empfunden und in dem Schrein nur eine unnötige Last gesehen, andere wussten wohl ihre Bedeutung einzuschätzen, ohne mit dem Inhalt näher vertraut zu sein. Aber schließlich kamen alle überein, der Sonnenscheibe einen würdigen Ort zur endgültigen Ruhe zu verschaffen.
Die Bestattung vollzog sich auf einem kleinen Berg in feierlichem Rahmen. Einige Mönche hoben das Erdreich aus. Sie stachen die Grasecken so sorgfältig ab, dass sie an einer Seite mit dem Boden verbunden blieben und sich wie ein Teppich zurückrollen ließen. So war es ja Brauch in Connemara, und so hielt man es auch jetzt. Nachdem die Truhe in die Erde gelegt und mit den beiden Kurzschwertern zu ihrem Schutz

bedeckt worden war, entrollten die Mönche die Grasschicht wieder bis auf ihren angestammten Platz. Die Erde nahm zurück, was sie lange entbehrt hatte. Die mitternächtliche Zeremonie bei Fackelschein war feierlich, doch da die ursprüngliche Bedeutung der Kultscheibe verborgen blieb, war es eher ein Schauspiel ohne tiefe Ergriffenheit als ein ritueller Akt. Was die Mönche nicht wussten, war, dass sie von einem alten Mann, dem man seherische Kräfte nachsagte, beobachtet wurden. Kaum war die Bestattung vollzogen, die Fackeln gelöscht, so rief er nach Brenach und seinen Gefährten, sie möchten einen Augenblick verweilen und sich eine Schilderung anhören, die sie sicher in Erstaunen versetzen würde. Aus dem Augenblick wurden mehrere Stunden, und der Morgen graute bereits, als sich die Mönche schließlich tief bewegt von dem Alten verabschiedeten.

In der bescheidenen Hütte des alten Mannes hörten sie diese seltsame Geschichte: „Was ich euch hier kundtue, weiß ich von meinem Vater, und mein Vater weiß es von seinem Vater und dieser wieder von seinem. Eine lange Kette von Menschen hat dieses Geheimnis bewahrt und behütet. Diese Himmelsscheibe, die an den heiligen Ort zurückgekehrt ist, von dem sie einmal in die Welt hinausgelangte, diente den Menschen in grauer Vorzeit als Mond- und Sonnenkalender. Sie versetzte die Seher und Magier in den Zustand, in die Geheimnisse des Kosmos zu schauen, mit Hilfe der Götter große Ereignisse vorauszusehen, vor allem die Zeiten für eine günstige Aussaat und Ernte zu deuten. Über viele Jahrhunderte war die Himmelsscheibe der Schlüssel für das Gedeihen der Völker. Ihr Besitz rief natürlich Neider auf den Plan, denn sie missbilligten das Wohlergehen des Nachbarn, während es anderen Völkern und Stämmen in Hungersnöten und Krankheitsphasen schlecht erging.

Die Sonnenscheibe wurde in einem unterirdischen Heiligtum aufbewahrt, in einem Dolmen, einer vorzeitlichen Weihestätte.

Sie war schon damals an Jahren reich, doch woher sie wirklich stammte, wusste niemand. Eines Tages jedoch war sie verschwunden. Wer sie raubte, wissen wir nicht. Es gab einen bestimmten Verdacht, doch erhärten ließ er sich nicht. Denn das Volk, auf den der Verdacht fiel, erlebte ein großes Unglück. Ja, über alle Völker unseres Landes brach das Unglück herein. Der Himmel verfinsterte sich, und eine gewaltige Aschewolke senkte sich auf die Erde herab. Manche sagen, die Sonne habe sich über Jahre nicht mehr in voller Größe gezeigt, sondern nur noch als roten, verschwommenen Ball. Während dieser Zeit wurde es auf der Erde um etliches kälter. Die Sommer wurden kühl, die Winter kalt, verheerende Missernten und Hungersnöte waren die Folge. Erst viele, viele Jahre später haben Reisende festgestellt, dass die Aschewolke durch den Ausbruch eines Vulkans auf der Mittelmeerinsel Thera ausgelöst worden war. Jedoch diese Entwicklung trug dazu bei, dass die Himmelsscheibe für die Menschen, die ihr vertrauten, wertlos geworden war."

Der Alte machte eine Pause und sah in die überraschten Gesichter der Mönche. „Seht", fuhr er schließlich fort, „diese Vorgänge in der Natur müssen die Menschen damals völlig durcheinandergebracht haben. Sie konnten dem Himmel und seinem Sprachrohr, der Himmelsscheibe, nicht mehr vertrauen. Vielleicht war es ein Akt, sich mit den Göttern zu versöhnen, als sie die Scheibe in einer feierlichen Zeremonie bestatteten, so wie ihr es jetzt abermals getan habt. Aber dann überschütteten Kriege das Land, die Himmelsscheibe wurde durch einen unglücklichen Zufall entdeckt. Einer der Krieger verhökerte sie für viel Geld an einen römischen Offizier. Auf diesem Wege kam sie nach Britannien. Doch brachte sie keinem ihrer Besitzer Glück. Als die ersten Glaubensboten die „grüne Insel" betraten, gab man die Scheibe den Vertretern der neuen Religion mit auf den Weg in der Hoffnung, dass sie den Kelten und ersten Christen zum Segen werden möge. Doch die Himmelsscheibe war Zeugin einer anderen geistigen Welt, die man jetzt für beendet hielt. Die Mönche vergruben sie von neuem, doch außerhalb ihrer Klosterbezirke, weil sie die magische Kraft und Ausstrahlung der Himmelsscheibe spürten. – Nun ist sie in das Land zurückgekehrt, dem sie einmal diente und von dem aus sie den Weg in die Welt antrat. War es Zufall oder Fügung? Ich denke, es war die lenkende Hand einer unsichtbaren Macht. Ich danke euch, Brüder, für euren Dienst."

Kleines Roman-ABC

Abt, von Abba = Vater, Vorsteher eines Klosters
Ailill = König von Connacht
Bóand = eigentlich „bo vinda“ = die weiße Kuh. Sie war unter dem Namen Étain ursprünglich die Frau von Elcmar, dem Gott Ogmae, beging mit Dagdae Ehebruch und gebar Oengus. Ein weiterer Name Bóands ist Brigid. Nach ihr wurde der Fluss Boyne und die Residenz des Königs Dagdae Bruig na Boinde = Newgrange benannt.
Bruig ind Maicc Óic = ein anderer Name für Newgrange
Cingulum = Gürtel, den die Mönche um den Leib tragen
Dagdae = der gute Gott, der Gott der Druiden, Hüter der Mysterienwelt, Gottheit des „Volkes der Göttin Dana“ (Túatha De Dánann), residierte in Newgrange.
Dekretalien = päpstliche Entscheide
Dormitorium = Schlafsaal der Mönche
Eremit = Einsiedler, allein in der Abgeschiedenheit lebender Mönch
Fínger = berühmter Arzt-Druide des Königs Conchobar
Inklusorium (von lat. includere = einschließen) davon abgeleitet Klause, Klausner, Klausur
Konfrater/Konfratres = Mitbruder/Mitbrüder
kontemplativ = beschaulich
Konventuale = Angehöriger eines Konvents, einer Klostergemeinschaft
Medb = berühmte Königin, die die Provinzen Connacht, Munster, Leinster und Meath gegen Ulster aufstachelte und durch das Epos „Der Raub der Rinder von Cúlainge“ berühmt wurde
monastisch = das Ordensleben betreffend
Monasterium = Kloster
Oengus – Sohn von Dagdae und Bóand. Sein zweiter Name lautete Mac ñtain = der junge Sohn
Refektorium = Speisesaal des Klosters
Scriptorium = Schreibwerkstatt des Klosters
Síd, pl. Síde = Name für die Anderswelt und befestige Hügel oder Hügelgräber (Tumuli)
Sid ar Femuis = in der Nähe des Rock of Cashel

Samhain oder Samain = wichtiges iro-keltisches Fest um den 1. November, heute vergleichbar mit dem Fest Allerheiligen
Stabilitas loci = das von St. Benedikt vorgeschriebene Verweilen an einem Ort, in einem Kloster
Tabernakel = Aufbewahrungsort für die hl. Speisen in Kelchen, Monstranzen usw.
Thing = mehrtägige Volks- und Gerichtsversammlungen der Wikinger
Timpan = eine Art Glockenspiel

Geschichtliche Hintergründe: Personen und Orte

Im Jahre 790 begannen die **Wikingerüberfälle** auf Schottland und Irland. Am 8. Juni 793 fiel ihnen das bedeutende Kloster St. Cuthbert auf Lindisfarne an der englischen Nordostküste zum Opfer. Es war der Beginn einer großen Leidenszeit für viele Mönchsniederlassungen auf der „grünen Insel". Die Wikinger hatten es auf die Klosterschätze abgesehen. Sie kannten die reichen Vorräte an sakralen Gegenständen wie Kelche, Monstranzen, Patenen und Bischofsstäbe, sie wussten aber auch um die Bedeutung der einmaligen Bücher, die in den Scriptorien entstanden und deren Einbände mit Goldblech und kostbaren Edelsteinen verziert waren. Die Wikinger beließen es nicht bei Raub und Diebstahl, sie mordeten auch die Klostergemeinschaften und steckten ihre Gebäude in Brand. Viele Mönche wurden ein Opfer ihrer sinnlosen Zerstörungswut. Alkuin, der berühmte englische Gelehrte am Hofe Karls des Großen, berichtete über den Überfall auf Lindisfarne: „Niemals zuvor brach ein solches Entsetzen über Britannien herein. Die Kirche des hl. Cuthbert ist besudelt mit dem Blut der Priester Gottes, und ihre Schätze wurden geraubt." Bis sich die ersten Wikingerstämme in Irland niederließen und siedelten, verging eine lange Zeit. Viele nahmen dann allerdings die christliche Botschaft an und wurden treue Bekenner des Christentums.

Die **Abtei Lismore** wurde im Jahr 635 von **St. Mochuda** gegründet, der auch unter dem Namen St. Karthago bekannt war. Das Kloster liegt malerisch am südlichen Ufer des Flusses Blackwater. Sein

Gründer verbrachte fast vierzig Jahre seines monastischen Lebens im Kloster von Rahan an der südlichen Grenze der alten Landschaft Meath. Doch dann wurde er von Prinz Blathmac, dem Sohn von Aedh Slaine, vertrieben, und Mochuda zog nach Lismore, wo er allerdings schon zwei Jahre später starb. Ein anderer Heiliger und Gelehrter von Lismore war St. Cataldus von Tarent. Er ging schon früh ins Ausland, aber die Brüder Morini aus seiner Wahlheimat Italien überlieferten dennoch einige Lebensdaten. Darin heißt es, dass Cataldus ein gebürtiger Ire war, der in Rathan das Licht der Welt erblickte, in Lismore studierte und schließlich zum Bischof seiner Heimatgemeinde geweiht wurde. Doch bald machte er sich nach Jerusalem auf. Auf seinem Rückweg erlitten seine Begleiter und er in der Höhe von Tarent in Italien Schiffbruch. Es wird berichtet, er habe viele Einwohner der Stadt zum Christentum bekehrt und sei schließlich deren Schutzpatron geworden.
Ein anderer Gelehrter von Lismore und wahrscheinlich ihr zweiter Abt war **St. Cuanna,** möglicherweise Halbbruder und Nachfolger des Gründers Mochuda. Er stammte aus Kilcoona oder Kilcooney, einer Kirchengemeinde in der Nähe von Headford, in der Provinz Galway. Das alte, jedoch verloren gegangene „Buch von Cuanach“, das in den Annalen von Ulster erwähnt wird, ist nach Ansicht eines Historikers nicht später als 628 entstanden und das Werk von St. Cuanna von Kilcooney und Lismore. Lismore war zu der Zeit auch ein Wallfahrtsort. Viele irische Herrscher zogen sich, nachdem sie ihr Zepter abgelegt hatten, hierher zurück, um ein Leben der Buße und des Gebetes zu führen. Auf eigenen Wunsch wurde hier St. Celsus von Armagh begraben, obgleich er in Ardpatrick gestorben war.

Die Klostersiedlung des hl. Senan auf **Scattery Island** zeichnete eine lange und wechselvolle Kirchengeschichte aus. Das Leben unter extremen Witterungsverhältnissen mit kalten Winden und feuchtem, undurchdringlichem Nebel stellte hohe Anforderungen an die Mönchsschar, die sich hier angesiedelt hatte. Je größer die Einsamkeit, je entlegener der Ort des Gebetes und der Buße, umso größer die Gottesnähe. Das war eine alte Erfahrung der Eremiten, der Einsiedler, die sich in der Einöde niedergelassen und allmählich immer mehr gleich gesinnte junge Männer angelockt hatten. Aus den kleinen Gemein-

schaften entstanden mit der Zeit berühmte Klöster, deren Gelehrsamkeit sogar Schüler vom Kontinent anzog.
Scattery Island war vor Zeiten zwar ein berühmtes kirchliches Zentrum gewesen, doch den Ruf einer Universität hatte es nie genossen. Dafür war die Lage inmitten der Strömung des größten Flusses Irlands und in Atlantiknähe zu abgelegen und gefährlich. Um das Leben des im Jahre 544 verstorbenen hl. Senan rankte sich manche Mirakelgeschichte. Die bekannteste Überlieferung ist die, wie Senan ein schreckliches Ungeheuer namens Inis Cathaig vernichtete, bevor er sich dort niederließ. Man glaubt, dass der Ort seines Grabes auch ein Platz ist, um gesund zu werden. Die Kieselsteine von Scattery Island sollen vor Schiffbruch schützen. Deshalb segeln neue Schiffe auf ihrer Jungfernreise einmal rund um die Insel als Reverenz vor dem Heiligen, und die Bootsleute nehmen Kieselsteine vom Ufer mit, um Gefahren abzuwenden. Vor den Angriffen der Wikinger schützten sie indes nicht. 816 und 835 plünderten die Nordmänner die fromme Siedlung.

Columba war einer der wichtigsten Mönche auf der „grünen Insel". Er gehörte zu den größten irischen Missionaren des 5. und 6. Jahrhunderts. Er wurde auch „Colum-Killey" oder „Columcille" – Kirchentaube – genannt. Die Verse, die er dichtete, beweisen seine Naturverbundenheit, seine Liebe zur Schöpfung, die er an allen von ihm gegründeten kirchlichen Siedlungen bezeugte. Er war ein Meister der Worte, beseelt von einem unbändigen Verlangen, die Frohbotschaft Christi in die Welt hinauszutragen. Dabei verlief sein Leben nicht ohne gegensätzliche Spannung, offenbarte seine Seele sowohl lichte wie dunkle Seiten. Er musste lange an sich arbeiten, um sein energisches, kämpferisch veranlagtes Naturell zugunsten einer großen Liebesfähigkeit zu Mensch und Natur nach dem Beispiel des Gottessohnes zu entfalten.
Geboren am 7. Dezember 521 im Nordwesten Donegals, in Garten, war Columba königlicher Abstammung. Der Priester Cruitnechan taufte ihn auf den Namen Columba oder Colum – die Taube – und nahm ihn in seine erzieherische Obhut. Als Cruitnechan einmal von der Kirche in sein Haus zurückkehrte, fand er die Wohnung in helles Licht getaucht. Eine feurige Kugel schwebte über dem Haupt des

schlafenden Jungen – der Himmel gab ein prophetisches Zeichen von dessen kommender geistiger Größe. Die Eltern widersprachen nicht, als der Priester ihrem Sohn die geistliche Laufbahn empfahl. Seine weitere Ausbildung erhielt Columba beim hl. Finnian von Movill, von dem erzählt wird, er habe als erster die Vulgata-Version der Evangelien des hl. Hieronymus in Irland eingeführt. In der klösterlichen Siedlung des Finnian lernte Columba auch den alten Dichter Gemman kennen, dem er nicht nur die Einführung in die Dichtkunst, sondern auch die Bekanntschaft mit St. Finnian von Clonard in West Meath verdankte. Mit dem hl. Ciarán, dem Zimmermannssohn und späteren Begründer der Klosterstadt Clonmacnoise, übersiedelte Columba in das Kloster St. Finnians von Clonard, wo es später zu einem schicksalhaften Zwischenfall kommen sollte.
Nach der Überlieferung sah St. Finnian eines Nachts einen goldenen und einen silbernen Mond über Clonard aufgehen. Der goldene wanderte nach Norden – Irland und Schottland badeten in seinem Glanz –, der silberne Mond zog bis an den Shannon und überstrahlte einen Ort, an dem Clonmacnoise entstehen sollte.
Columba soll in Irland etwa vierzig christliche Gründungen vollzogen haben. Sie bildeten die Grundlage der selbständigen altirischen Kirche. Auch seine Mitschüler traten als Klostergründer hervor, so St. Brendan von Clonfert, St. Cainnech von Kilkenny, St. Gomgall von Bangor und andere. Das Buch von Durrow, das die vier Evangelien im Vulgata-Text enthält und im Trinity College in Dublin aufbewahrt wird, soll von Columba initiiert oder von ihm in herrlicher, leuchtender Schrift sogar selbst hergestellt worden sein.
St. Columba beherrschte die perfekte Fertigkeit des kunstvollen Schreibens liturgischer Bücher. Ihm wurde der Ehrenname „Scriba" zugedacht, was nicht nur auf seine Kunstfertigkeit des Illuminierens von Texten verweist, sondern auch als Einordnung in einen bestimmten Grad innerer Reife zu verstehen ist, denn diese Art des Schreibens war wie der Gottesdienst auch ein seelischer Prozess. Selbst auf seinem Sterbebett soll der hl. Columba noch ein Psalterium abgeschrieben haben.
In der von Columba begründeten Klostersiedlung Kells (Ceannanus Mór) wurde das nach dem Fundort benannte „Book of Kells" wiederentdeckt. Entstanden ist es höchstwahrscheinlich auf der vor Schott-

lands Westküste gelegenen Insel Iona, auf die Columba ins „Exil" gehen musste.
Diese Verbannung durch den Synodenbeschluss von Teltown 563 traf den Heiligen im 42. Lebensjahr und war die Folge eines ernsthaften Konfliktes mit Dermait, dem König von Meath. Man darf nicht vergessen, dass St. Columba königlicher Abstammung war und sein Clan zu den angesehenen und machtvollen Familien des Landes gehörte. In Krisenzeiten scheuten sich auch die Angehörigen des geistlichen Standes nicht, ihren Familien militärische Hilfe anzubieten, wie es im vorliegenden Fall geschah. Bei der dreijährlichen großen Zusammenkunft auf dem Hügel von Tara, zu der die Adeligen Irlands geladen waren, ermordete der Sohn des Königs von Connacht den Sohn des königlichen Hofmeisters. Nun war es strengstens verboten, an dieser heiligen Stätte Fehden auszutragen. Der Mörder floh in das Zelt der aus dem Norden Irlands eingetroffenen Fürsten Fergus und Donall, und im Vertrauen auf das garantierte Asyl empfahlen diese den Königssohn der Huld Columbas. Doch König Dermait missachtete das Asylrecht und ließ den Mörder für sein an einem Ort des Friedens verübtes Verbrechen hinrichten. Die Sippe Columbas fühlte sich zutiefst gekränkt.
Das zweite Ereignis, das erneut zum Konflikt mit dem König führte, war wohl der erste Streit um ein Copyright: St. Columba hatte bei seinem Lehrer, dem hl. Finnian von Movill, ein lateinisches Psalmbuch abgeschrieben, was nach landläufiger Meinung verboten war. Finnian bestand auf Herausgabe der Kopie. Doch Columba argumentierte, die Abschrift habe dem Original nicht geschadet und es sei zudem unerlässlich, die Klöster des Landes mit heiligen Büchern zu versehen – die Buchdruckerkunst war ja noch nicht erfunden und die Herstellung von Kopien eine unsagbar mühevolle Detailarbeit. Obgleich nach 1 Kor 6,1 Streitigkeiten der Kirche nicht vor der weltlichen Obrigkeit ausgetragen werden sollen, riefen die Parteien König Dermait um Hilfe an. Der Herrscher entschied: „Das Kalb geht mit der Kuh!" Also musste St. Columba die Kopie herausgeben. (Noch heute kursiert in Irland der Spruch: „To every cow its caw, to every book its copy – jeder Kuh ihr Kalb, jedem Buch seine Kopie.")

Die Sippe des hl. Columba, die O'Neills aus Ulster, erklärte dem König den Krieg. Die verfeindeten Parteien trafen 561 bei Cúl Dreimne in der Nähe von Sligo aufeinander; dreitausend Männer Dairmaits blieben auf dem Schlachtfeld. Columba litt unter dem Ausgang der Schlacht und zunehmend unter seelischen Qualen. Hatte Christus nicht Liebe statt Hass gelehrt und auch vorgelebt? Zunächst suchte der Heilige Rat bei St. Molaisse, auf den die Existenz mehrerer Klosterniederlassungen zurückgeht. „Nimm Abschied von Irland“, riet ihm der Mitbruder im geistlichen Amt, „und gewinne im heidnischen Land der Pikten so viele Seelen für Christus, wie durch deine Schuld den Tod gefunden haben.“
Columba musste sich auf der Synode von Teltown verantworten. Der Chronist Adamnán vermerkt, er sei sogar exkommuniziert worden, doch der hl. Brendan von Birr, dem hellseherische Kräfte nachgesagt wurden, sah Columba von Engeln begleitet sich der Synodalversammlung nahen. In „curraghs“, den kleinen Booten aus Weidengeflecht und mit Kuhhautbespannung, machte sich der Heilige in Begleitung von zwölf Gefährten auf die Reise an die unwirtliche Westküste Schottlands.

„Ich möchte die wogenden Wellen
des weiten Meeres sehen,
wenn ihre Musik dem Vater
den Weltenlauf besingt.
Ich möchte den Gesang wunderbarer Vögel hören
als einen Quell des Glückes.
Ich möchte die anstürmenden Wogen
wider die Felsen donnern hören.“

Columba

Zeittafel der irischen Frühgeschichte und des Mittelalters

500 bis 300 v. Chr.: Invasion keltischer Stämme. Sie prägen das spätere Irland und seine Sprache (Gälisch), die noch bis vor etwa 160 Jahren gesprochen wurde. Die Gälen bildeten etwa 150 kleine Königreiche.

432: Der hl. Patrick verkündet das Evangelium auf der „grünen Insel" und wird später Nationalheiliger des Landes.

458: Erste Klostergründungen (wie Clonmacnoise und Monasterboice) begründen Irlands religiöse und kulturelle Bedeutung.

650 bis 800: Blüte der gälischen Kultur (Book of Kells, Trara-Brosche).

795: Die Wikinger überfallen Klöster und Siedlungen, setzen sich in Irland fest, treffen aber wegen der zerstrittenen Kleinkönige kaum auf Widerstand.

Ab 9. Jh.: Die Wikinger gründen die ersten Städte.

1014: Hochkönig Brian Ború besiegt die Wikinger in der Schlacht bei Clontarf, findet jedoch selbst den Tod.

1169: Mit Hilfe des Anglo-Normannen Richard Strongbow (Flitzebogen) erhält der König von Leinster sein Land zurück.

Literatur

A. C. J. Loos: „Keltentum – Untergang und Auferstehung. Die Altirische Kirche“, J. Ch. Mellinger Verlag, Stuttgart 1975.

Peter Berresford Ellis: „Die Druiden. Von der Weisheit der Kelten“, Heinrich Hugendubel Verlag, Kreuzlingen/ Komet Verlag, Köln.

Peter Harbison: „Guide National Monuments Ireland“, Gill and Macmillan Ltd, Dublin 1979.

Peter Brown: „Das Evangeliar von Kells – Ein Meisterwerk frühirischer Buchmalerei“, Verlag Herder, Freiburg 1980.

Peg Coghlan: „Irish Saints“, Mercier Press, Cork 1999.

H. Patrick Montague: „The Saints und Martyrs of Ireland“, Colin Smythe, Buckinghamshire 1981.

Hermann Multhaupt: „Möge die Straße dir entgegeneilen – Eine meditative Entdeckungsreise durch Irland“, Matthias-Grünewald-Verlag, Mainz 1996.

Peg Coghlan: „Irish Saints“, Mercier Press, Corc 1999.

Sean Mc Mahon: „The Islands of Saints and Scholars“, Mercier Press, Corc 2001.

Steve Rabey: „Das Wissen der Kelten“, Patmos Verlag, Verlag Albatros, Düsseldorf 2002.

Hermann Multhaupt: „Lebensweisheit aus Irland“, St. Benno-Verlag, Leipzig 2003.